Todo sobre alquileres

Equipo jurídico DVE

TODO SOBRE ALQUILERES

dve
PUBLISHING

A pesar de haber puesto el máximo cuidado en la redacción de esta obra, el autor o el editor no pueden en modo alguno responsabilizarse por las informaciones (fórmulas, recetas, técnicas, etc.) vertidas en el texto. Se aconseja, en el caso de problemas específicos —a menudo únicos— de cada lector en particular, que se consulte con una persona cualificada para obtener las informaciones más completas, más exactas y lo más actualizadas posible. EDITORIAL DE VECCHI, S. A. U.

ÍNDICE

INTRODUCCIÓN

■

Muchísimas son las personas cuya vivienda, el local donde desarrollan su actividad profesional o su segunda residencia es de alquiler, habiendo celebrado un contrato de arrendamiento urbano en el que han asumido determinadas obligaciones y derechos, que en no pocas ocasiones son desconocidos o mal interpretados, causando innumerables problemas y litigios.

Los arrendamientos urbanos constituyen, sin duda alguna, una de las especialidades jurídicas sobre la que más discuten los especialistas y de la que se han escrito más monografías. El presente libro, lejos de ser una obra meramente académica, pretende exponer de forma clara y práctica los conceptos más importantes de dicha materia.

El lenguaje que se ha utilizado es sencillo, a fin de hacer de este libro una obra asequible para cualquier persona, incluso para todas aquellas que no se han acercado nunca a un texto jurídico. Se ha intentado, por tanto, huir de una terminología excesivamente profesional y complicada cuando ha sido posible. No obstante, puesto que en un libro de las características del presente es imprescindible utilizar expresiones que no son de uso habitual, se ha considerado conveniente incluir, al final de cada uno de los capítulos, un breve pero completo apéndice de términos jurídicos que defina aquellas palabras acerca de las cuales pudieran surgir dudas en cuanto a su significado exacto.

A lo largo del texto será frecuente hallar opiniones expuestas por algunos de los más reconocidos expertos en la materia, numerosos ejemplos cuidadosamente seleccionados entre supuestos reales, cuya aparente sencillez no está en absoluto reñida con su rigor, así como diversos casos conflictivos que han sido abordados por los tribunales de justicia.

La finalidad eminentemente divulgativa de este libro queda también demostrada mediante la reproducción de diversos modelos de contratos (de arrendamiento de vivienda, de arrendamiento de un local comercial, etc.), de escritos diversos importantes (notificación de aumento de la renta por obras de mejora, notificación de la necesidad de realizar obras de conservación, etc.).

Por último, solamente resta indicar que si bien esta obra nunca puede sustituir el consejo concreto que un especialista en arrendamientos urbanos (un abogado, un administrador de fincas, etc.), puede facilitar para un problema determinado que pueda plantearse, puede dar una idea general acerca de la evolución histórica de la materia, de la trascendencia que la nueva LAU tiene en los contratos suscritos antes de su vigencia y, sobre todo, qué régimen debe aplicarse a los contratos celebrados desde la entrada en vigor de dicha ley.

CAPÍTULO 1

EVOLUCIÓN LEGISLATIVA

■

Los orígenes del contrato de arrendamiento hay que buscarlos, como los de la inmensa mayoría de los contratos que existen en el derecho español, en el derecho romano. En el Código civil se distinguen tres clases de arrendamientos: el de cosas, el de obras y el de servicios (así lo especifica el artículo 1.542).

Estos tipos de arrendamiento son muy distintos entre sí, puesto que recaen sobre realidades muy diferentes. No obstante, como en la antigua Roma el concepto de arrendamiento era unitario, en los países cuyos ordenamientos siguen esta tradición se ha mantenido esta distinción como es el caso de España, Francia e Italia, por ejemplo.

Por el arrendamiento de cosas, una parte (el arrendador) cede una cosa —un coche, una casa, un ordenador, etc.— a la otra (el arrendatario), por un tiempo determinado, a cambio de recibir de esta el pago de un precio (artículo 1.543).

Mediante el arrendamiento de obras (artículo 1.544), el arrendador se obliga ante el arrendatario a ejecutar una obra determinada —por ejemplo, que un abogado emita un dictamen— a cambio de recibir el precio convenido.

Por último, el arrendamiento de servicios es aquel contrato en virtud del cual, el arrendador se compromete a prestar un servicio y como contraprestación, recibe del arrendatario la cantidad convenida (artículo 1.544).

Ignorando los arrendamientos de obras y de servicios, vamos a centrarnos en el arrendamiento de cosas y, más concretamente, en el arrendamiento de fincas urbanas.

Los arrendamientos urbanos antes del Código civil

Como ya ha quedado dicho, el contrato de arrendamiento, tal y como lo conocemos en España, es de origen romano. Pese a que los romanos poseían un concepto unitario del arrendamiento, comprobaron la necesidad de dotar de un ordenamiento específico al alquiler de predios urbanos.

Tras el establecimiento de la corte en Madrid, y bajo el reinado de Carlos IV, se dictó una legislación excepcional reguladora de los arrendamientos de construcciones que se incorporó al conjunto normativo conocido como la «Novísima Recopilación» y que se caracterizaba por la enorme limitación de los derechos de los arrendadores en contraste con la amplia libertad de la que gozaban los arrendatarios.

Este régimen cambió con la progresiva liberalización del derecho privado español acaecida en la primera mitad del pasado siglo XIX, que influyó, como no podía ser de otra forma, en el contrato de arrendamiento de fincas urbanas. Sirva como ejemplo una ley, fechada en el año 1842, mediante la cual las partes podían estipular en el contrato que, sobre «las casas y otros edificios urbanos» celebrasen las cláusulas, pactos y estipulaciones que libremente convinieren, sin cortapisa alguna, incluso en todo lo que se refería al precio y al plazo de duración del contrato. De forma paralela, se dictaron otras normas que vinieron a facilitar enormemente el ejercicio del comercio y alzaban las tasas de jornales y precios. Así, por influencia de la ideología liberal, se dio paso a un régimen de mayor preponderancia —por no decir absoluta— de la autonomía de la voluntad privada.

Según señala un autor tan prestigioso como D. José Luis Lacruz, un régimen plenamente liberal tenía numerosos inconvenientes, pero, al mismo tiempo, en lo que se refiere al problema de la habitación, los efectos fueron ciertamente beneficiosos.

El Código civil (que data del año 1889) responde a dicha ideología, dando primacía a la posición del propietario y no imponiendo límite alguno a la libertad contractual de los interesados.

Los arrendamientos urbanos en el Código civil

El Código civil, coherente con su idea de otorgar a las partes absoluta libertad para contratar, regula de forma muy parca y con carácter básicamente dispositivo el arrendamiento de fincas urbanas. Como dato curioso, téngase en cuenta que, con carácter específico y exclusivo para los arrendamientos de fincas urbanas, sólo existen tres artículos, regulándose otros aspectos de la materia de forma general para los contratos de arrendamiento o con carácter compartido con los arrendamientos rústicos.

Los artículos consagrados en exclusiva a los arrendamientos de «predios urbanos» son los 1.580, 1.581 y 1.582, que estipulan, a falta de pacto expreso entre las partes al respecto, quién es la persona obligada al pago de las reparaciones, cuál es el plazo por el que se considera celebrado el contrato así como el de arriendo de los muebles de la casa o el local que se hubiese alquilado.

En otros artículos del Código se regulan aspectos diversos del contrato de «fincas urbanas» o «construcciones», pero no con carácter exclusivo, o sea, que son normas que también se aplican a las llamadas «fincas rústicas», siendo los más importantes los preceptos que se refieren a la capacidad para celebrar el contrato (artículo 1.548) y a los derechos y obligaciones de los contratantes (artículos del 1.554 al 1.574, ambos inclusive).

Según la vigente LAU, los arrendamientos de vivienda se rigen, de forma imperativa, por la ley y en defecto de esta, por lo que las partes hayan convenido y, solamente si la ley nada prevé y si las partes nada hubieren pactado al respecto, será de aplicación el Código civil.

Los arrendamientos de vivienda suntuaria (aquellas cuya superficie sea superior a trescientos metros cuadrados o en los que la renta inicial en cómputo anual exceda de 5,5 veces el salario mínimo interprofesional, calculado anualmente) se regirán por la voluntad de las partes, en su defecto, por la ley y en caso extremo por el Código civil.

Los arrendamientos para uso distinto de la vivienda (locales de negocio, industrias, etc.) se regulan, con carácter general, por la voluntad de las partes, excepto algunos de sus aspectos que se regirán, necesariamente, por la ley y por el Código civil si es preciso. Un sencillo ejemplo ayudará a ilustrar lo que se acaba de exponer:

El señor K. y la sociedad X. celebran un contrato de arrendamiento sobre un almacén en el que establecen que X. pague al señor K. una renta anual de 7.200 €, pagadera por meses, pero, en cambio, omiten cualquier referencia en cuanto a la duración del contrato. Puesto que la ley no estipula nada al respecto con carácter obligatorio, debería aplicarse, en este supuesto, el artículo 1.581 del Código civil, cesando el contrato al cabo de un año y no de un mes, ya que, según la jurisprudencia, el plazo a tener en cuenta tendría que ser el periodo de tiempo tomado como tipo para fijar el alquiler —un año— y no los plazos de pago, sin necesidad de que el señor K. requiriese especialmente a X. al respecto.

Como se ha visto, el régimen de los arrendamientos de fincas urbanas que se recoge en el Código civil sólo se aplicará de forma subsidiaria a los contratos de alquiler que sobre pisos o locales se celebren o se hayan celebrado a partir de la entrada en vigor de la LAU.

No obstante, puesto que se trata de normas que no han sido derogadas y que, por tanto, seguirán regulando algunos contratos de arrendamiento, aunque sean poco numerosos, se ha considerado precisa su íntegra reproducción al final del presente capítulo.

Los arrendamientos urbanos hasta 1964

La escasez de viviendas y de locales de negocio fue un problema que apareció en la segunda mitad del siglo pasado y los primeros años del presente a causa del constante aumento de la población, debido en buena parte a los progresos de la medicina.

La primera guerra mundial, acaecida entre los años 1914 y 1918, provocó una importante tasa de inflación. Los precios de las mercancías aumentaron en mayor proporción que los salarios, lo cual obligó a los poderes públicos a intervenir promulgando la contención de las rentas.

En el año 1920 se dictó, por primera vez en España, una norma por la cual se limitaba la facultad de despedir, sin más, al arrendatario al expirar el plazo contractual y la posibilidad de aumentar libremente los alquileres. No es ajena a esta corriente tuitiva o proteccionista, el peso, cada vez mayor, que en la sociedad del primer cuarto del presente siglo tuvieron los arrendatarios, numéricamente mucho más importantes que los propietarios. Otras normas de similares características datan de los años 1931 y 1936.

La siguiente fecha que conviene tener presente en el desarrollo histórico y cronológico de la materia es la de 1946, cuando se dictó la primera Ley de Arrendamientos Urbanos, reformada en años posteriores. Dicha ley estuvo vigente casi veinte años, puesto que no fue hasta 1964 que se promulgó la ley que ha estado en vigor hasta que ha entrado en vigor la LAU, ley que constituye el objeto del presente manual, aunque ya en el año 1985 se puso punto y final al régimen de la «prórroga forzosa» y a las «rentas congeladas».

En general, lo que caracterizó a las leyes que durante el periodo comprendido entre los años 1946 y 1964 se dictaron en relación con los arrendamientos urbanos fue que establecieron la prórroga del plazo de vigencia del contrato, que llega a subsistir incluso tras el fallecimiento del arrendatario.

La Ley de Arrendamientos Urbanos de 1964

Como se ha dicho, hasta fechas recientes ha estado vigente la Ley de Arrendamientos Urbanos del año 1964, texto que hasta la trascendental reforma operada por el popularmente denominado «Decreto Boyer» del año 1985, ha venido regulando numerosos contratos de arrendamiento de fincas urbanas.

La razón por la que fue dictada la LAU del año 1964 cabe buscarla en la innumerable gama de problemas que surgieron en los tribunales hasta aquella fecha en relación con los arrendamientos. Por ello, se trataba de una ley no siempre clara en su contenido y con abundantes excepciones, reservas, etc.

Según señala el catedrático D. Manuel Albaladejo, el objeto que perseguía dicha ley era «la protección efectiva de los arrendatarios», ante los posibles abusos que, derivados de una situación de escasez de viviendas y locales comerciales, pudieren llevar a cabo los propietarios. A dicho fin responde, por ejemplo, la «irrenunciabilidad» a los beneficios que la ley otorgaba a los arrendatarios, excepto en supuestos muy específicos y dejando en todo caso aparte el «derecho de prórroga» al cual no se podía renunciar en ningún caso.

La Ley de Arrendamientos Urbanos a la que nos referimos se aplicaba tanto al alquiler de viviendas, amuebladas o no, como al de locales de negocio, quedando fuera de su ámbito de aplicación los arrendamientos de las industrias (cuya distinción con los locales de negocio no era siempre clara ni mucho menos), los arrendamientos de temporada, los de viviendas que ocuparen los porteros o guardas por razón de su actividad y los de locales ocupados por círculos o casinos recreativos.

Una característica básica de la ley del año 1964 fue la existencia del derecho a prorrogar, por la sola voluntad del arrendatario, la duración del contrato mediante la «subrogación» si se trataba de viviendas, o el «traspaso» si se trataba de un local de negocio. Es lo que, en general, se denominó «la prórroga forzosa», que fue derogada el año 1985, según se comentará después.

La «prórroga forzosa» se regulaba en el artículo 57 de la ley, y según la misma, cualquiera que fuera la fecha de ocupación de la vivienda o del local de negocio, llegado el día del vencimiento del plazo pactado, este se prorrogaba obligatoriamente para el arrendador y potestativamente para el arrendatario, sin necesidad de formalidad alguna. Conviene tener en cuenta además que, según el artículo 58, al fallecer el inquilino se podía subrogar en la posición del arrendatario, es decir, podía pasar a ser arrendatario el cónyuge, los descendientes, los ascendientes o, incluso, los hermanos de este. Más aún: en la posición de estos «subrogados» se podían, a su vez, subrogar el cónyuge o los descendientes de los mismos (artículo 59). Es cierto que la LAU preveía ciertos supuestos en los que el arrendador podía denegar al arrendatario la prórroga del contrato, pero no es menos cierto que se trataba de supuestos excepcionales (no uso de la vivienda por el inquilino, necesidad de derruir el edificio, etc.).

Para comprender la magnitud del problema que para los arrendadores se planteaba con la «prórroga forzosa», vamos a exponer un sencillo ejemplo:

Un propietario arrendaba, estando en vigor la LAU de 1964, una vivienda a otra persona por un plazo de diez años. Llegado el plazo pactado, el arrendatario, sin necesidad de notificar su intención al arrendador y solamente permaneciendo en la vivienda, tenía derecho a permanecer (él y toda su familia, se entiende) durante diez años más en la misma y así sucesivamente. Al fallecer el arrendatario, la situación no variaba en absoluto para el arrendador, ya que el cónyuge del arrendatario, previa notificación al arrendador del fallecimiento de este, adquiría el pleno derecho a permanecer en la vivienda por iguales plazos de, en nuestro ejemplo, diez años. La situación se prolongaba todavía más, ya que, según hemos visto, la posición del cónyuge subrogado la podía ocupar, al fallecer este, un descendiente. Así, pues, suponiendo que el contrato se hubiese celebrado cuando el inquilino tenía treinta y cinco años, que este falleciese a los setenta y cinco años, que su cónyuge lo sobreviviera cinco años y que a la muerte de este se subrogase un descendiente que no falleciese, a su vez, hasta treinta años después, nos encontraríamos con un contrato que, pese haberse pactado, en su día, por un plazo de diez años, se habría convertido en un contrato de setenta y cinco años de duración, con lo cual, lo más seguro es que la carga del contrato hubiese pasado a los herederos de quien actuó como arrendador o, incluso, a los herederos de estos herederos, por lo que, habitualmente, los contratos de alquiler se solía decir que eran por tiempo indefinido.

Es cierto que la ley exigía al descendiente que se deseara subrogar, una convivencia con el fallecido de, al menos, dos años, pero no es menos cierto que, como la práctica se encargó de demostrar, las actuaciones fraudulentas en el sentido de crear falsas apariencias de descendientes que supuestamente convivían con sus padres o abuelos fueron muy habituales.

Otro rasgo que definió este texto legal y que vino a agravar el anterior problema de los contratos sometidos a prórroga forzosa, fue el de la congelación de las rentas. Mientras subsistiese el contrato o sus prórrogas, el arrendador percibía, prácticamente siempre, la misma renta. Pese a que la Ley de Arrendamientos Urbanos de 1964 preveía ciertas fórmulas y posibilidades de actualización de las rentas, se consideró que dichas disposiciones eran demasiado tímidas, insuficientes e inicuas.

Algunos autores han destacado, como otra elemento importante de la ley, el carácter familiar de la misma, ya que a lo largo del texto era frecuente hallar ejemplos de protección de los familiares del arrendatario.

Así, señala Lacruz los siguientes casos: la posibilidad de que los familiares sucedieran al arrendatario al fallecimiento de este o, incluso, en vida mediante la cesión del contrato sin necesidad de consentimiento del arrendador y el ejercicio de una pequeña industria por parte de los parientes en la vivienda, sin que el contrato se alterase (es decir, sin que tuviera la consideración de local de negocio, etc.).

Por último, es importante señalar que un régimen tan proteccionista para el arrendatario como el contenido en la LAU del año 1964 dio lugar a innumerables injusticias para los propietarios, quienes veían cómo las rentas que obtenían por los pisos y locales que tenían arrendados no eran suficientes ni para atender a las mejoras que los inquilinos reclamaban en las viviendas que ocupaban y que, salvo en los casos en que eran obligatorias, no eran atendidas por aquellos.

Esta situación provocó que muchos edificios presentaran un aspecto descuidado y, al mismo tiempo, que a muchos arrendatarios les fuese ofrecida, a precios económicos, la adquisición de la vivienda que hasta entonces ocupaban como simples inquilinos.

El Decreto Boyer de 1985

El 30 de abril de 1985 se dictó un Real Decreto ley de índole económica y fiscal, conocido como el Decreto Boyer por ser este su inspirador y artífice, mediante el cual se intentó paliar la injusta situación que para los arrendadores se había creado, ya que supuso la desaparición de la prórroga forzosa con carácter obligatorio para los contratos de arrendamiento que se celebraran a partir del día 8 de mayo de aquel año, fecha en que dicho Real Decreto ley entró en vigor.

Dos son los artículos del mencionado texto legal que nos interesan, por hacer referencia a los arrendamientos urbanos.

El primero de ellos es el artículo 8, en virtud del cual se autorizaba a los propietarios o a los arrendatarios, con el consentimiento de aquellos, la transformación de viviendas en locales de negocio, siempre que se tratara de actividades no prohibidas por ley o por los estatutos de la comunidad de propietarios en la que se hallaren y se obtuvieran los pertinentes permisos o autorizaciones administrativas, si fuesen necesarias.

La finalidad de dicha norma era luchar contra la economía sumergida que, en forma de pequeños talleres, funcionaba en viviendas particulares. De hecho, se trataba de una norma ventajosa tanto para el arrendatario, que veía así regularizada su situación y, en caso de controversia, podía recabar el auxilio de los tribunales, como para la Hacienda pública, ya que aumentarían las personas sujetas al Impuesto sobre Actividades Económicas sin tener que aumentar las inspecciones, al darse de alta como autónomos en la mayoría de los casos.

El otro artículo que nos interesa es el artículo 9, en virtud del cual, los contratos de arrendamiento de viviendas o locales de negocio celebrados a partir de su entrada en vigor, tendrían la duración que libremente estipulasen las partes contratantes, sin que les fuera aplicable forzosamente el régimen de prórroga forzosa establecido en el artículo 57 de la Ley de Arrendamientos Urbanos de 1964 y sin perjuicio, no obstante, de la tácita reconducción del artículo 1.566 del Código civil, según el cual, si al terminar el contrato, el arrendatario disfrutaba durante quince días de la vivienda o el local sin oposición del arrendador, el contrato se entendía prorrogado. Los contratos anteriores, no obstante, seguían sometidos al régimen de la ley, por lo que a estos sí se les aplicaba la prórroga forzosa. Conviene recordar, como se ha dicho, que la posibilidad de excluir el sometimiento del contrato al régimen de la «prórroga forzosa» sólo era aplicable a los contratos de arrendamiento que se celebraran a partir del 8 de mayo de 1985, cuando entró en vigor el Decreto Boyer.

La LAU de 1964, con la importante reforma del año 1985, estuvo vigente hasta el día 1 de enero de 1995, cuando entró en vigor la Ley de Arrendamientos Urbanos de 24 de noviembre de 1994 (ley 24/1994, publicada en el BOE del 25 de noviembre), cuyo estudio constituye el objeto del presente libro.

La necesaria reforma de los arrendamientos urbanos: la LAU de 1994

Antes de promulgarse la LAU ahora en vigor, el marco legal de los arrendamientos urbanos en España estaba conformado por dos grandes grupos de contratos:

— En primer lugar, los contratos de arrendamiento celebrados antes de que entrara en vigor el Decreto Boyer, que se caracterizaban, como se ha dicho, porque su duración llevaba aparejada la prórroga forzosa y porque sus rentas no sólo eran, por lo general, bajas, sino que respecto a muchos de ellos (básicamente, los celebrados antes de publicarse la Ley de Arrendamientos Urbanos de 1964) eran muy poco o nada rentables.

— En segundo lugar, aquellos contratos (aproximadamente, el 20 % del total) de arrendamientos de fincas urbanas celebrados a partir de la vigencia del Real Decreto ley 2/1985, de rentas más elevadas y de duración, salvo raras excepciones, corta o, incluso, muy corta, no siendo excepcionales los contratos de un solo año de duración.

Según datos oficiales, el porcentaje de viviendas principales en alquiler descendió, en los quince años que mediaron entre 1970 y 1985, desde un 30 % hasta un poco más del 16 %, observándose una ligera tendencia alcista a partir de aquel año, que alcanzó su punto culminante en 1990, con un 18 % de viviendas en alquiler sobre el conjunto total de viviendas existentes.

Además, si se comparaban dichos datos con los del conjunto de los demás países de la Unión Europea, se observaba que solamente en Grecia el porcentaje de viviendas en alquiler era inferior al de España, contrastando con las cifras de Holanda (con más de 55 % de viviendas en alquiler), con las de Alemania (cuyo porcentaje alcanza casi el 58 %) o con las de la media de todos los países, que era del orden de, aproximadamente, un 30 %.

Dichos datos permiten constatar un hecho claro y evidente: el arrendamiento no era una alternativa atractiva ni para los posibles arrendadores (aquellas personas o empresas que podrían poner viviendas en el mercado para que fueren arrendadas) ni para los potenciales arrendatarios (es decir, todo aquel conjunto de ciudadanos que optaren por habitar una vivienda en régimen de alquiler).

Ante la evidencia de tales hechos, era necesario poner remedio a dicha situación, fomentando los arrendamientos urbanos, fructificando, los esfuerzos efectuados en este sentido, en la nueva LAU, también llamada ley 29/1994 de Arrendamientos Urbanos, en fecha del 24 de noviembre y que entró en vigor el 1 de enero del año 1995.

La finalidad última de la LAU de 1994 es, según la «Exposición de motivos» que precede al texto normativo, «coadyuvar a potenciar el mercado de los arrendamientos urbanos como pieza básica de una política de vivienda orientada por el mandato constitucional consagrado en el artículo 47, de reconocimiento del derecho de todos los españoles a disfrutar de una vivienda digna y adecuada».

Dicho objetivo se pretende alcanzar de dos maneras: por

una parte, mediante el establecimiento del equilibrio adecuado entre las respectivas obligaciones de arrendador y arrendatario y, por otra, mediante el mantenimiento de cierta tutela en los arrendamientos de vivienda, dejando a la libre voluntad de las partes la regulación de los contratos de arrendamiento que recaigan sobre edificaciones destinadas a otros usos (básicamente locales comerciales).

El objeto del presente manual es tratar de exponer, de la forma más sencilla y a la vez completa posible, cuál es el contenido de la LAU actualmente en vigor, empezando, en los siguientes capítulos, por analizar cómo ha afectado la promulgación de esta ley a los contratos de arrendamiento celebrados al amparo de la normativa anterior.

VOCABULARIO DE TÉRMINOS JURÍDICOS

Arrendamiento: Denominación genérica bajo la cual se encuadran, según el Código civil, tres contratos muy distintos entre sí: el de cosas, el de obras y el de servicios. El «arrendamiento de cosas», del cual forman parte los arrendamientos de fincas urbanas, es aquel contrato por el que se cede temporalmente el uso de una cosa no consumible a cambio de un precio. Por el «arrendamiento de obras», una persona se obliga a ejecutar una determinada obra a favor de otra persona, quien tiene que pagar a la primera el precio que hayan convenido. El «arrendamiento de servicios» es aquel contrato en virtud del cual una parte se compromete a prestar a otra un servicio a cambio de una remuneración.

Arrendador: Es aquella persona que se obliga a ceder el uso de la cosa (en el arrendamiento de cosas), ejecutar la obra (en el arrendamiento de obras), o prestar el servicio (en el arrendamiento de servicios). En el arrendamiento de una finca urbana, el arrendador será aquel que se comprometa a ceder el uso de la vivienda, el local, etcétera; coincidiendo, en muchas ocasiones, con la figura del propietario.

Arrendatario: Es aquella persona que adquiere el uso de la cosa (en el arrendamiento de cosas) o el derecho sobre la obra o servicio (en el arrendamiento de obras o de servicios, respectivamente). En el arrendamiento de una finca urbana, el arrendatario será aquel que use la vivienda, el local, etc., a cambio de pagar la renta pactada. Antes de la nueva LAU, al arrendatario de una vivienda se le denominaba también «inquilino». Ahora tal denominación ha desaparecido.

LAU: Siglas de «Ley de Arrendamientos Urbanos». En el presente libro, cuando se diga LAU, debe entenderse la vigente Ley de Arrendamientos Urbanos en fecha del 24 de noviembre de 1994, que entró en vigor el día 1 de enero de 1995.

CAPÍTULO II

LA LAU EN LOS CONTRATOS SOMETIDOS AL DECRETO BOYER

■

La Ley de Arrendamientos Urbanos de 1994 es de aplicación a todos aquellos contratos que se celebren a partir de su entrada en vigor, que tuvo lugar el día 1 de enero de 1995. Los contratos que a dicha fecha subsistían fueron, también, objeto de atención en las «Disposiciones Transitorias».

Según el contenido de las mencionadas «Disposiciones Transitorias», distinguiremos entre el régimen normativo por el que se van a regular los contratos de arrendamiento suscritos antes y después del Decreto Boyer.

Empezaremos por el estudio del régimen normativo que es de aplicación a todos aquellos contratos de arrendamiento suscritos a partir del día 9 de mayo de 1985 y que subsistían el 1 de enero de 1995, distinguiendo entre los referidos a viviendas y los referidos a locales de negocio y «contratos asimilados».

Arrendamientos de vivienda

A grandes rasgos, los contratos suscritos a partir de la entrada en vigor del Decreto Boyer (que, como ya se ha dicho, suprimió la obligatoriedad de la prórroga forzosa), ya sean de vivienda o de local de negocio, se rigen:

1. Por el artículo 9.° del Real Decreto ley 2/1985, del 30 de abril, sobre «Medidas de Política Económica», artículo que se refiere a la supresión de la prórroga forzosa.
2. Por lo dispuesto para el contrato de inquilinato en el «Texto Refundido de la Ley de Arrendamientos Urbanos», aprobado por Decreto 4.104/1964, del 24 de diciembre.

Asimismo, están previstas las siguientes disposiciones:

1. En primer lugar, que les sean aplicables los artículos 12, 15 y 24 de la LAU, referidos respectivamente al desistimiento y vencimiento del contrato en caso de matrimonio o convivencia del arrendatario; la posibilidad de subrogación del cónyuge no arrendatario en caso de separación, divorcio o nulidad del matrimonio del arrendatario y la posibilidad de realización de obras en la vivienda por parte del arrendatario aquejado de una minusvalía.
2. En segundo lugar, y con carácter expreso, que no les sea aplicable ni la subrogación «inter vivos» que se recogía en el artículo 24 de la LAU de 1964 ni los derechos de tanteo y retracto (es decir, de «adquisición preferente») reconocidos a favor del inquilino en la LAU de 1964 en los casos de adjudicación de vivienda por consecuencia de división de cosa común cuando los contratos de arrendamiento hayan sido otorgados con posterioridad a la constitución de la comunidad sobre la cosa, ni tampoco en los casos de división y adjudicación de cosa común adquirida por herencia o legado.
3. En tercer lugar, que la «tácita reconducción» (es decir, la renovación automática del contrato por un cierto periodo de tiempo tras la extinción del mismo, si el arrendatario

sigue ocupándola sin la oposición expresa del arrendador) prevista en el artículo 1.566 del Código civil lo sea por un plazo de 3 años, sin perjuicio de la facultad de no renovación prevista en el artículo 9 de la LAU.

4. En cuarto y último lugar, que el arrendamiento renovado se rija por lo dispuesto en la LAU para los arrendamientos de vivienda.

Conviene tener en cuenta que estas normas no serán de aplicación, siguiendo a Fuentes Lojo, ni a aquellos contratos de arrendamiento que se hubieren concertado desde la entrada en vigor del Decreto Boyer con libre sometimiento a la prórroga forzosa o que la existencia de esta haya sido declarada por un juez o un tribunal mediante sentencia firme (es decir, en una sentencia contra la que no se pudiera interponer recurso o que no se hubiere interpuesto, en el caso de poderse hacer).

Para terminar, se puede plantear el siguiente supuesto:

> Una empresa inmobiliaria y un particular celebraron, el día 26 de julio de 1990 (por tanto, después de entrar en vigor el Decreto Boyer, pero antes de la nueva LAU) un contrato de arrendamiento de una vivienda con una duración de cinco años (es decir, que se extinguía el 25 de julio de 1.995). Llegada esta fecha, ya vigente la nueva LAU, las partes convienen pactar una prórroga del mismo, estipulando que a dicha prórroga le sea de aplicación la LAU de 1964 y el Decreto Boyer. ¿Pueden hacerlo?

Pese a que no existe ninguna sentencia que haya resuelto este tema, Fuentes Lojo se inclina por considerar que esta prórroga no sería posible y que las partes habrían de celebrar, un nuevo contrato de arrendamiento, sujeto a la nueva LAU.

Arrendamientos de locales y contratos asimilados

En primer lugar, conviene determinar qué son los «contratos asimilados», denominados así por la antigua ley.

Dichos «contratos de arrendamiento asimilados» se hallaban definidos en los artículos 4.2 y 5.2 de la Ley de Arrendamientos Urbanos del año 1964, que ha sido derogada por la actualmente en vigor.

Según dicho artículo 4.2, eran contratos de arrendamiento asimilados al contrato de inquilinato (o de arrendamiento de vivienda), por lo cual se les aplicaba dicho régimen legal, los de «los locales ocupados por la Iglesia Católica, Estado, provincia, municipio, entidades benéficas, asociaciones piadosas, sociedades o entidades deportivas comprendidas en el artículo 32 de la ley de Educación Física, corporaciones de derecho público y, en general, cualquier otra que no persiga lucro».

Tras la instauración en España del «Estado de las Autonomías», entre las administraciones que se citaban, deben incluirse las comunidades autonómicas.

A su vez, el artículo 5.2 preveía que se debían de regir por las normas aplicables al arrendamiento de local de negocio:

1.° El de los locales ocupados por las personas a que se refiere el artículo 4.°, número 2, cuando estén destinados al ejercicio de actividades económicas.

2.° El de los depósitos y almacenes, en todo caso, aunque el arrendatario sea una de las personas señaladas en el artículo 4.°, número 2.

3.° El de los locales destinados a escritorios, despachos profesionales y oficinas cuando el arrendatario se valga de ellos para ejercer una actividad de comercio, de industria o de enseñanza con un fin lucrativo, o bien para el desarrollo de las actividades mencionadas en el apartado de este número, aunque dichos locales no se hallaren abiertos al público en general.

Así pues, vemos que los «contratos asimilados a los de arrendamiento» (más conocidos como «contratos asimilados») no son en realidad más que contratos de arrendamiento en los cuales el arrendatario es una administración pública o bien son contratos que recaen sobre inmuebles muy determinados.

Pasemos a continuación a analizar concretamente cuál es el régimen legal aplicable a los contratos de arrendamiento de un local de negocio y también a los contratos asimilados, que han sido celebrados a partir del día 9 de mayo de 1985 y que subsistían el 1 de enero de 1995. Dichos contratos se regirán:

1. Por el artículo del Decreto Boyer que se refiere a la supresión de la prórroga forzosa.
2. Por la Ley de Arrendamientos Urbanos de 1964.
3. Por el contrato renovado por aplicación de la «tácita reconducción» del Código civil.

Estas normas no serán de aplicación a aquellos contratos de arrendamiento que se hubieren concertado desde que se produjo la entrada en vigor del Decreto Boyer, con el libre sometimiento a la prórroga forzosa, o a aquellos cuya existencia haya sido declarada por un juez o un tribunal mediante sentencia firme.

VOCABULARIO DE TÉRMINOS JURÍDICOS

Subrogación: En el contexto de los arrendamientos urbanos, significa pasar a ocupar la posición contractual del arrendatario.

Tácita reconducción: Renovación automática del contrato de arrendamiento por un cierto periodo de tiempo tras la extinción del mismo, si el arrendatario sigue ocupando la finca sin la oposición expresa del arrendador. Con carácter general, se regula en el artículo 1.566 del Código civil.

Apéndice normativo

Texto de la primera disposición transitoria
de la Ley de Arrendamientos Urbanos de 1994

PRIMERA. Contratos celebrados a partir del 9 de mayo de 1985

1. Los contratos de arrendamiento de vivienda celebrados a partir del 9 de mayo de 1985 que todavía subsistan en la fecha de entrada en vigor de la presente ley, continuarán rigiéndose por lo dispuesto en el artículo 9.° del Real Decreto-ley 2/1985, del 30 de abril, sobre Medidas de Política Económica, y por lo dispuesto para el contrato de inquilinato en el Texto Refundido de la Ley de Arrendamientos Urbanos, aprobado por Decreto 4.104/1964, del 24 de diciembre.

   Será aplicable a estos contratos lo dispuesto en los apartados 2 y 3 de la Disposición Transitoria Segunda.

La tácita reconducción prevista en el artículo 1.566 del Código civil lo será por un plazo de 3 años, sin perjuicio de la facultad de no renovación prevista en el artículo 9 de esta ley. El arrendamiento renovado se regirá por lo dispuesto en la presente ley para los arrendamientos de vivienda.

2. Los contratos de arrendamiento de local de negocio celebrados a partir del 9 de mayo de 1985 que subsistan en la fecha de entrada en vigor de esta ley, continuarán rigiéndose por lo dispuesto en el artículo 9.° del Real Decreto ley 2/1985, del 30 de abril, y por lo dispuesto en el Texto Refundido de la Ley de Arrendamientos Urbanos de 1964. En el caso de tácita reconducción conforme a lo dispuesto en el artículo 1.566 del Código civil, el arrendamiento renovado se regirá por las normas relativas a los arrendamientos para uso distinto al de vivienda.

Lo dispuesto en el párrafo anterior será de aplicación a los contratos de arrendamiento asimilados al de inquilinato y al de local de negocio que se hubieren celebrado a partir del 9 de mayo de 1985 y que subsistan en la fecha de entrada en vigor de esta ley.

CAPÍTULO III

LA LAU EN LOS ARRENDAMIENTOS DE VIVIENDAS ANTERIORES AL DECRETO BOYER

■

Siguiendo con el estudio de las modificaciones que la LAU ha introducido en los arrendamientos suscritos con anterioridad a su entrada en vigor y que subsistían a tal fecha, nos centraremos ahora en los de vivienda no sujetos al Decreto Boyer, es decir, los celebrados antes del 9 de mayo de 1985, objeto de la Disposición Transitoria Segunda.

Los contratos de arrendamiento de vivienda anteriores al Decreto Boyer y los de arrendamiento (tanto de vivienda como de local de negocio) no sometidos a la prórroga forzosa tienen un régimen legal común: los artículos 12, 15 y 24 de la nueva LAU y la no aplicación ni del artículo 24.1 de la LAU de 1964 ni de los derechos de tanteo y retracto.

Según ya se ha señalado, el artículo 24.1 de la LAU de 1964 se refería a la cesión que el arrendatario podía hacer a favor de diversos parientes, entre ellos, por ejemplo, el cónyuge o un hijo y los artículos 12, 15 y 24 de la nueva LAU son los referidos respectivamente, según ya se ha indicado, al desistimiento y vencimiento del contrato en caso de matrimonio o convivencia del arrendatario; a la posibilidad de subrogación del cónyuge no arrendatario en caso de separación, divorcio o nulidad del matrimonio del arrendatario y a la posibilidad de realización de obras en la vivienda por parte del arrendatario aquejado de una minusvalía.

Régimen de la extinción y de la subrogación

En general, la ley, en lo que se refiere a los contratos de arrendamiento de vivienda suscritos a su entrada en vigor y que habían sido celebrados al amparo del texto del año 1964, optó por someterlos a diversas medidas entre las que caben destacar la imposición de límites a la prórroga obligatoria, restableciendo la temporalidad de la relación arrendaticia.

No obstante, como es lógico, esto no podía hacerse de manera radical, por lo que la Ley intentó tener en cuenta —según dice textualmente la «Exposición de Motivos» de la LAU— «los efectos sociales y económicos de la medida», por lo que tomó en consideración, sigue diciendo, «la situación personal y familiar y la capacidad económica de los arrendatarios».

En otras palabras, la ley intenta ofrecer, respecto a las situaciones anteriores a su entrada en vigor, respuestas adecuadas a cada una de ellas, según se refieran a, por ejemplo, arrendatarios titulares iniciales del contrato, arrendatarios en primera subrogación y arrendatarios en segunda subrogación.

De ahí que la supresión de las subrogaciones sea tanto más gradual —afirma la «Exposición de Motivos»— «cuanto mayor sea el contenido potencial de derechos que la ley contempla para cada supuesto, a partir del principio general de conservar al arrendatario actual y a su cónyuge el derecho a continuar en el uso de la vivienda arrendada hasta su fallecimiento, allí donde este derecho les estuviera reconocido por la legislación de 1964».

Con la finalidad de clarificar todo lo anterior, se ofrece a continuación un breve resumen de los distintos supuestos de extinción y subrogación en relación con contratos de arrendamiento de vivienda celebrados antes del 9 de mayo de 1985.

El principio general es que los contratos de arrendamiento de vivienda celebrados con anterioridad al 9 de mayo de 1985 (fecha de entrada en vigor del Decreto Boyer) seguirán sometiéndose a la LAU de 1964, con las modificaciones que se especifican a continuación:

En primer lugar, en cuanto a la duración y a las posibilidades de subrogación, hay que distinguir entre los contratos en los que no se había producido ninguna subrogación, aquellos en los que se había producido una sola subrogación y aquellos otros en los que ya se habían efectuado las dos subrogaciones que la anterior legislación permitía.

Primer supuesto: Contratos
en los que no se había producido ninguna subrogación

Al fallecimiento del arrendatario, la subrogación —es decir, la cesión de la posición contractual de este a otra persona— sólo puede tener lugar a favor del cónyuge (o aquella persona con la que hubiere venido conviviendo de forma permanente en análoga relación de afectividad) no separado o, en su defecto, a favor de los hijos o ascendientes del arrendatario.

Respecto a la LAU de 1964, se observa, por un lado, una reducción de las personas que se podrán subrogar, ya que el artículo 24 de esta —derogado expresamente, según hemos dicho anteriormente— mencionaba, asimismo, a los hermanos y, por otro lado, la equiparación con el cónyuge de aquella persona —con independencia de la orientación sexual— con la que, sin mediar vínculo matrimonial, hubiere venido conviviendo el arrendatario de forma permanente en análoga relación de afectividad.

Fuentes Lojo se plantea si, al fallecimiento del arrendatario, se podría subrogar el cónyuge separado al cual el juez le hubiese concedido el uso de la vivienda y que, además, ocupare efectivamente esta: la respuesta no puede ser otra, «con la ley en la mano», que la negativa; no obstante es este un tema sobre el que será interesante ver qué criterios siguen los tribunales.

El contrato se extinguirá al fallecimiento del subrogado, con las siguientes excepciones:

1. Si el subrogado es el cónyuge (o aquella persona con la que hubiere venido conviviendo de forma permanente en análoga relación de afectividad):

Puede haber a su fallecimiento una última subrogación a favor de los hijos (entiéndase siempre esta palabra en su sentido genérico, incluyendo tanto a las «hijas» como a, propiamente, los «hijos») del arrendatario que convivan con aquel. En este caso, el contrato se extinguirá a los dos años si el hijo es mayor de 25 años, o en la fecha en que los cumpla, si tiene lugar después de transcurrir los dos años antes citados o, por último, al fallecimiento del hijo en el supuesto que este padezca una determinada minusvalía. Un ejemplo nos será útil:

J. es arrendatario de un contrato de alquiler sobre una vivienda celebrado al amparo de la antigua LAU. Al fallecer, su cónyuge, L., se subroga en dicha posición (es decir, pasa a ser arrendataria). Posteriormente, L. fallece y pasa a subrogarse M. (de 24 años de edad), hija de J. y de L., que convivía con sus padres.

¿Cuándo se extinguirá el contrato?

La Disposición que hemos estudiado no deja lugar a dudas: a los dos años. Y si M. en lugar de 24 años tuviera, por ejemplo, 20, el contrato se extinguiría al cumplir los 25.

2. Si el subrogado es un hijo:

El contrato se extinguirá a los 3 años si el subrogado es mayor de 25, o en la fecha en que los cumpla si tiene lugar después de transcurrir el periodo antes citado o al fallecimiento del subrogado en el supuesto que este padezca una determinada minusvalía. Veamos el siguiente ejemplo:

M. es arrendatario de un contrato de alquiler sobre una vivienda celebrado al amparo de la antigua LAU. Su cónyuge, F., falleció en el año 1988 y, a su vez, M. fallece el año 1996.

¿Se podría subrogar el hijo de ambos, J.?

La respuesta tiene que ser afirmativa si se cumplieren los requisitos temporales mínimos de convivencia que la LAU exige.

Suponiendo que estos se dieran, el contrato se extinguiría según la edad del hijo y su eventual minusvalía. Si fuera minusválido, el contrato se extinguiría a su fallecimiento. En caso contrario, a los 2 años o bien al cumplir los 25, si esto ocurriese con posterioridad.

Debe tenerse en cuenta, además, lo que se explica a continuación.

3. Durante los 10 años siguientes a la entrada en vigor de la LAU, si la subrogación se ha producido a favor de hijos

mayores de 65 años o pensionistas por jubilación o invalidez, el contrato se extinguirá al fallecimiento de estos.

Se trata de una disposición que sólo tendrá virtualidad hasta el 31 de diciembre del año 2004 y, según la cual, durante este plazo, si la subrogación se produce a favor de hijos con las características que se mencionan, el contrato estará en vigor hasta que estos fallezcan.

Así, siguiendo con el ejemplo precedente, si J. tuviere 67 años en el momento de subrogarse, podría estar ocupando la vivienda hasta su fallecimiento.

Segundo supuesto: Contratos
en los que ya se había producido una subrogación

Al fallecimiento de quien ocupe la finca en virtud de una primera subrogación efectuada antes que entrara en vigor la nueva LAU, sólo podrán subrogarse su cónyuge no separado (o aquella persona con la que hubiere venido conviviendo de forma permanente en análoga relación de afectividad) y, en su defecto, los hijos del arrendatario que hubieren estado habitando en la vivienda arrendada y que hubiesen convivido con aquel durante los 2 años anteriores a su fallecimiento.

Esto quiere decir que, si antes de entrar en vigor la LAU, una persona se había subrogado por ser, por ejemplo, el hijo del arrendatario, a su fallecimiento sólo podrá subrogarse su cónyuge o la persona con la que hubiere venido conviviendo de forma permanente en análoga relación de afectividad o los hijos de aquel (con unos requisitos temporales mínimos de convivencia que se establecen para intentar evitar fraudes).

Un sencillo ejemplo permitirá disipar las dudas que aún puedan existir:

E. ocupa una vivienda como arrendatario desde el año 1983, por haberse subrogado al amparo de la antigua LAU. Al fallecer E., F. —con la que no había contraído matrimonio pero con la que venía conviviendo como si fuera tal desde muchos años atrás— se subroga como arrendataria.

Respecto a la extinción del contrato, hay que distinguir si el subrogado es el cónyuge o aquella persona con la que hubiere venido conviviendo de forma permanente en análoga relación de afectividad (en cuyo caso, se extingue a su fallecimiento) o si es un hijo, en cuyo caso el contrato se extinguirá a los dos años —si el hijo es mayor de 25 años—, en la fecha en que los cumpla —si el hijo es menor de esta edad— o al fallecimiento del hijo, en el caso de que sea minusválido o si la subrogación se produce dentro de los siguientes diez años a la entrada en vigor de la ley y a favor de un hijo mayor de 65 años o pensionista por jubilación o invalidez.

Prosiguiendo con el ejemplo anterior, fácilmente se observa que F. podrá ocupar la vivienda en la que E. se había, a su vez, subrogado como arrendatario, hasta su fallecimiento.

Tercer supuesto: Contratos en los que ya se habían producido las dos subrogaciones que permitía la antigua LAU

En tal supuesto, no se permite ninguna subrogación más. El contrato de arrendamiento se extinguirá al fallecer la persona que viniere ocupando la vivienda en virtud de esa segunda subrogación.

Por tanto, si al amparo de la antigua LAU, X. se había subrogado como arrendatario en un contrato en el que, a su vez, su padre, Y., se había subrogado como consecuencia del fallecimiento de su padre Z. (es decir, el abuelo de X.), al fallecer X. su cónyuge se quedará sin vivienda.

Modificando, asimismo, el régimen de la LAU de 1964, el apartado 10 de la Disposición Transitoria Segunda se refiere a determinados derechos que se conceden al arrendador de una vivienda en virtud de un contrato celebrado con anterioridad al 9 de mayo de 1985, estableciendo que para las anualidades del contrato que se inicien a partir de la entrada en vigor de la LAU, el arrendador tendrá los siguientes derechos:

a) En el impuesto sobre el Patrimonio, la valoración de la finca arrendada se determinará por la capitalización (al 4 %) de la renta devengada, si el valor resultante de dicha operación fuere inferior al resultante de aplicar las reglas que, respecto a la valoración de inmuebles, se contienen en la propia ley del impuesto.

b) Asimismo, tendrá derecho a repercutir en el arrendatario (es decir, a que sean pagados por el arrendatario):

1. La cuota del Impuesto sobre Bienes Inmuebles (IBI) que corresponda a la finca arrendada.

Si se trata de un edificio en el que un mismo propietario tiene arrendados los distintos pisos que lo conforman y si el IBI no está individualizado, la repercusión ha de ser proporcional para cada uno de los arrendatarios según la superficie de la vivienda que vengan ocupando. Así lo establece la propia ley y en este mismo sentido se están pronunciando los tribunales; por ejemplo, el Juzgado de Primera Instancia n.º 28 de Madrid en la sentencia del 20 de abril de 1996.

Asimismo es importante señalar que si el arrendatario no satisfacía el importe de la cuota del IBI antes de que entrara en vigor la nueva LAU, el arrendador sólo podrá exigir dicho importe a partir de esa fecha; es decir, nunca podrán exigirse cuotas anteriores a las devengadas a partir del 1 de enero de 1995 o, dicho de una manera más técnica, no pueden exigirse con carácter retroactivo. La LAU es clara al sentar dicho principio y el Juzgado de Primera Instancia n.° 2 de Madrid ha ratificado este criterio en la sentencia del 24 de mayo de 1996.

Por último, cabe destacar que, pese a que nada dice la ley, es evidente que el arrendatario al que se le pretenda hacer pagar la cuota del IBI, tiene pleno derecho a que le sea justificado el importe del mismo. Así lo ha afirmado el Juzgado de Primera Instancia n.° 8 de Madrid mediante la sentencia del 30 de abril de 1996.

2. El importe de las obras de reparación necesarias para mantener la vivienda en estado útil para el uso convenido, existiendo determinadas limitaciones temporales y de cuantía.

Señala la Disposición Transitoria que analizamos, que dichas obras habrán de ser, en cualquier caso, solicitadas por el arrendatario o acordadas por resolución judicial o administrativa firme y habrán de hallarse concluidas. Este último requisito no se recoge expresamente en la ley, pero es lógico y así lo exigen los tribunales de justicia; por ejemplo, el Juzgado de Primera Instancia n.° 26 de Madrid en sentencia del 22 de enero de 1996.

Por tanto, si las obras no han finalizado o, habiendo finalizado, se tratara de obras que el arrendatario no las hubiere pedido ni existiere una orden judicial de un juez o tribunal o administrativa (por ejemplo, del ayuntamiento) con carácter de «firme», es decir, contra la que no quepa interponer recurso alguno que obligara a efectuarlas, no es lícito que le sea repercutido su importe al arrendatario.

Al igual que en el supuesto del IBI, el arrendador que pretenda repercutir al arrendatario las mencionadas obras habrá de justificar el importe de las mismas, según tiene señalado la jurisprudencia.

3. Los gastos de servicios y suministros.

La propia ley señala que esa repercusión será posible siempre que las partes no hubiesen pactado «expresamente» en el contrato que dichos gastos (entre los que se incluyen, por ejemplo, los de portería, ascensor, basuras, etcétera) fuesen de cuenta y cargo exclusiva del arrendador. Es decir, no sería suficiente con una redacción vaga o genérica, siendo bastante estrictos los tribunales a este respecto, según se desprende, por ejemplo, de la sentencia del 14 de marzo de 1996 del Juzgado de Primera Instancia n.° 15 de Madrid.

Tal y como se ha señalado para los supuestos anteriores, el arrendador habrá de justificar debidamente el importe de los «gastos y suministros» que pretenda repercutir al arrendatario.

Pasaremos a continuación a analizar, siquiera sea de forma breve, cuándo y cómo puede el arrendador actualizar la renta que el arrendatario de una vivienda con un contrato celebrado antes del 9 de mayo de 1985 venía satisfaciendo.

El criterio de la ley es que la renta de los contratos se actualice a fin de recuperar la inflación no repercutida en el contrato.

Este criterio es una consecuencia del sistema de «rentas congeladas» al que ya se ha hecho referencia anteriormente y a causa del cual, los arrendadores que habían suscrito contratos al amparo de antiguas leyes de arrendamiento percibían siempre la misma renta.

Parece indiscutible que ello conformaba una situación injusta e ilógica, ya que el arrendador obtenía en el año 1994 una renta, en muchísimos casos, idéntica a la que se había pactado en el momento de celebrarse el contrato y que, por el sistema de las subrogaciones, podría haber sido suscrito entre los abuelos del arrendador y del arrendatario en ese momento.

La LAU establece una fórmula de actualización que nos permite saber cuál será la renta actualizada que tenga que satisfacer el arrendatario. Dicha renta se determina de la siguiente manera. En primer lugar, hay que obtener el cociente que resulte de dividir el IPC del mes anterior a la fecha de actualización entre el IPC del mes anterior a la fecha del contrato.

Las únicas excepciones son:

1.º Los contratos de viviendas calificadas como «suntuarias» por la legislación anterior (denominadas así por ser superior su renta a unas cantidades que se especificaban en la LAU de 1964) y celebrados antes del 12 de mayo de 1956, en los que se tomará como renta inicial la revalorizada a que se refiere la propia ley de 1964 y como índice correspondiente a la fecha del contrato, el del mes de junio de 1964.

2.º Los arrendamientos de viviendas no comprendidas en el artículo 6.2 del citado Texto Refundido celebrados antes del 12 de mayo de 1956, en los que se tomará como renta inicial la que se viniera percibiendo en el mes de 1954, y como índice correspondiente a la fecha del contrato el mes de marzo de 1954.

En segundo lugar, se debe de multiplicar dicho cociente resultante por la renta que se estuviere satisfaciendo y que, en muchísimas ocasiones, coincidirá con la pactada inicialmente.

Por último, hay que tener en cuenta que de la renta actualizada sólo se le podrá exigir al arrendatario el porcentaje que corresponda en función del año de actualización, según el siguiente cuadro:

Periodo anual de actualización a partir de la entrada en vigor de la LAU	Porcentaje exigible de la renta actualizada
1.°	10 %
2.°	20 %
3.°	30 %
4.°	40 %
5.°	50 %
6.°	60 %
7.°	70 %
8.°	80 %
9.°	90 %
10.°	100 %

Es muy importante no olvidar las siguientes matizaciones:

— La renta actualizada no podrá nunca superar el importe resultante de aplicar al valor catastral de la finca arrendada un porcentaje fijado por la ley, que es el 12 %, cuando el valor catastral derivara de una revisión con efectos a partir de 1989, o el 24 % para el resto de los casos. Excepción a lo anterior lo constituyen las fincas situadas en el País Vasco, cuyo porcentaje a aplicar será siempre del 12 %, y en Navarra, que será siempre del 24 %.

— Si la renta exigible es inferior a la renta que se viniera pagando, el porcentaje indicado en el cuadro será el superior, a fin de que la renta exigible sea siempre superior a la actual.

— Los plazos de actualización de la renta serán de 5 o 10 años, dependiendo, respectivamente, de que la suma de los ingresos de quienes convivan en la vivienda exceda o no de 5,5 veces el importe del Salario Mínimo Interprofesional (SMI) que se fija con carácter anual.

Es necesario señalar que no procederá la actualización de la renta cuando el inquilino optare por conservarla sin actualizar (en cuyo caso, el contrato se extinguiría en el plazo de 8 años) o si la suma anual de los ingresos totales percibidos por el conjunto de personas que convivan en la vivienda no exceda de los siguientes límites y que debe probar y demostrar el interesado y por cuya falsedad o inexactitud no está prevista ninguna sanción específica:

N.° de personas que conviven	Límite en n.° de veces el SMI
1 o 2	2,5
3 o 4	3
más de 4	3,5

Puesto que la ley desea que el arrendador no se vea perjudicado por ello, a pesar de no poder actualizar la renta, prevé que pueda gozar de determinadas compensaciones fiscales siempre y cuando se hubiera inscrito en el censo de viviendas arrendadas.

Para terminar, conviene señalar que en los casos en que la actualización no proceda (ya sea por voluntad del arrendatario o por disposición de la ley), la renta y las cantidades a ella asimiladas (es decir, la repercusión del aumento de coste de servicios y de suministros así como del coste de las obras de reparación necesarias) podrán revisarse anualmente según la variación que experimente el ya mencionado IPC en los doce meses inmediatamente anteriores a la fecha anterior a cada actualización. Es conveniente tener en cuenta que dentro de los conceptos que pueden ser objeto de revisión no se encuentran, según señala expresamente la sentencia de 22 de marzo de 1996 del Juzgado de Primera Instancia de Barcelona, «las repercusiones fiscales e importe del IBI».

Veamos, a continuación, un ejemplo que ayudará a entender la aplicación de la fórmula de actualización a la que hemos hecho referencia.

Se trata de una vivienda no suntuaria arrendada en el mes de julio de 1973 cuya renta inicial —y que no ha sufrido alteración alguna— era de 27,05 €. En la vivienda conviven dos personas y los ingresos totales de los mismos superan 5,5 veces el importe del salario mínimo interprofesional.

Para calcular la renta actualizada hemos de tener en cuenta, como hemos indicado, el IPC del mes anterior a la fecha de actualización, es decir, el correspondiente a junio de 1995, que fue del 115,02 y el IPC del mes de junio de 1973 (por ser este el mes anterior a la fecha del contrato), que fue del 11,494. El cociente resultante habrá de multiplicarse por la renta inicial del contrato, que hemos dicho que eran 27,05 € y obtendremos así la «renta actualizada».

Según hemos dicho, el importe de la renta actualizada halla su límite en el importe resultante de aplicar al valor catastral de la finca arrendada un porcentaje fijado por la ley (el 12 % o el 24 %, tal y como ha quedado expuesto).

Haciendo los cálculos y suponiendo que en este caso no debe aplicarse el límite del valor catastral, comprobamos que la renta actualizada asciende a 270,64 €. Dicha renta actualizada le será exigible al arrendatario en 5 años, suponiendo que la suma de los ingresos de quienes conviven en la vivienda excede de 5,5 veces el importe del SMI, por lo que para la primera anualidad de actualización le corresponderá pagar el 20 % de aquella cantidad, es decir, exactamente 54,13 €. Así, pues, la notificación que, en este supuesto, el arrendador tendría que hacer al arrendatario —que normalmente se hará por conducto notarial, ya que la ley habla de «notificación fehaciente»— habría de tener la siguiente forma:

[Datos del arrendador o del administrador de la finca]

[Datos del arrendatario]

[Población y fecha]

Distinguido/a Sr./Sra.:

Le dirijo la presente en relación con el contrato de arrendamiento que sobre la vivienda sita en [dirección completa], se suscribió a [fecha], a fin de notificarle, que al amparo de lo dispuesto en la Disposición Transitoria 2.ª de la ley 29/94 de Arrendamientos Urbanos, la renta actualizada que corresponde a la vivienda referida en el precedente párrafo es de 270,64 € mensuales, cifra que resulta de aplicar la diferencia de IPC entre el mes de junio de 1973 y el mes de junio de 1995.

Según prevé la mencionada Disposición Transitoria, le corresponde satisfacer el 20 % de dicha renta revalorizada,

54,13 €. Dicha cantidad será incrementada con los importes correspondientes al impuesto sobre Bienes Inmuebles y los servicios y suministros que a continuación le especifico y cuya justificación documental le remito junto con la presente:

IBI
Portería
Ascensor

Por tanto, el importe total del alquiler a pagar será de [suma de la renta, IBI y servicios y suministros].

No obstante, si considerara que la actualización de la renta no fuere procedente por hallarse Ud. en alguno de los supuestos que la propia ley previene, puede ejercitar el derecho que a tal efecto le concede la regla 7.ª del Apartado 6.° de la Disposición Transitoria Segunda.

Asimismo le participo que puede Ud. oponerse a la actualización de la renta, en cuyo caso, por aplicación de la regla 6.ª del Apartado 6.° de la mencionada Disposición Transitoria, deberá Ud. comunicármelo fehacientemente en el plazo de 30 días naturales y quedando, su contrato, extinguido en el plazo improrrogable de 8 años.

Sin otro particular, reciba un cordial saludo.

A su vez, el arrendatario se podría oponer a la actualización de la renta, como ya hemos dicho, bien por ser sus ingresos inferiores a los legalmente previstos o bien por preferir seguir satisfaciendo la misma renta que hasta entonces (incrementada anualmente con el IPC), extinguiéndose el contrato, en ese caso, a los ocho años.

En el primer supuesto, la notificación del arrendatario debería ser del tenor literal siguiente:

[Datos del arrendatario]

    [Datos del arrendador o del administrador de la finca]

    [Población y fecha]

    Distinguido/a Sr./Sra.:

Le dirijo la presente en relación con el contrato de arrendamiento que sobre la vivienda sita en [dirección completa], se suscribió a [fecha], en respuesta al requerimiento de actualización de la renta por Ud. efectuado.

Según acredito mediante fotocopia de mi última declaración de la renta, mis ingresos íntegros durante el año ... no superaron en 2,5 veces el importe anual del salario mínimo interprofesional, por lo que la pretendida elevación de la renta es improcedente, de acuerdo con la regla 7 del apartado D-11 de la Disposición Transitoria 2.ª de la ley 29/94 de Arrendamientos Urbanos.

Consecuentemente, le ruego deje sin valor ni efecto alguno la notificación de incremento de renta por Ud. remitida, procediendo a girar los recibos por el mismo importe que, hasta la fecha, he venido abonando.

    Sin otro particular, atentamente.

En el segundo de los supuestos, es decir, si el arrendatario no tuviera derecho a no ver incrementada su renta, pero optase por abandonar la vivienda en un plazo de 8 años, el cuerpo de la notificación —que habrá de ser hecha en el plazo de los 30 días naturales siguientes a la recepción del requerimiento del arrendador— ha de ser, en líneas generales, como sigue:

> Amparándome en el derecho que me reconoce la regla 6.ª del apartado D-11 de la Disposición Transitoria 2.ª de la ley 29/94 de Arrendamientos Urbanos, y en relación con la notificación por Ud. efectuada en fecha [fecha de la notificación] le comunico que he decidido optar por la rescisión del contrato en el plazo legalmente previsto de 8 años y el consecuente no aumento de la renta del mismo durante este plazo.
>
> Por tanto, le ruego deje sin valor ni efecto alguno la notificación de incremento de renta por Ud. remitida, procediendo a girar los recibos por el mismo importe que hasta la fecha he venido abonando.

Contratos de arrendamiento de viviendas de protección oficial

Respecto a los subsistentes a la entrada en vigor de la LAU, hay que señalar que su régimen legal no experimenta la más mínima variación, ya que seguirán rigiéndose por la normativa que le viniera siendo aplicada. La legislación básica de esta materia está constituida por la ley de 1963, el Reglamento del 24 de julio de 1968, el Real Decreto del 10 de noviembre de 1978 y el Real Decreto del 14 de mayo de 1993, entre otros textos legales.

Por lo que respecta a las viviendas de protección oficial que se califiquen para arrendamiento a partir de la entrada en vigor de la nueva LAU, debe destacarse que, según la Disposición Adicional Primera de la ley, su plazo de duración concluirá al transcurrir el periodo establecido para la amortización del préstamo cualificado obtenido para su promoción o, en cualquier caso, a los 25 años a contar desde la fecha de la correspondiente cualificación definitiva.

VOCABULARIO DE TÉRMINOS JURÍDICOS

Actualización de la renta: Medida establecida por la nueva LAU cuya finalidad es que la renta pactada inicialmente en el contrato mantenga con la renta resultante la misma proporción que el IPC actual con el del mes anterior a la fecha del contrato. La actualización de la renta se aplica a los arrendamientos celebrados antes de la entrada en vigor del Decreto Boyer.

Viviendas de protección oficial: Aquellas viviendas cuyos habitantes gozan de una especial protección por parte de los poderes públicos en cuanto a la renta que deben satisfacer, entre otros aspectos.

CAPÍTULO IV

LA LAU
EN LOS LOCALES
DE NEGOCIO
ANTERIORES
AL DECRETO BOYER

■

A continuación, analizaremos cómo ha incidido la LAU en los arrendamientos de locales de negocio celebrados antes de la entrada en vigor del Decreto Boyer y no extinguidos el 1 de enero de 1995, destacando que lo que diremos es de aplicación expresa a las oficinas de farmacia, según el apartado 12 de la Disposición Transitoria Tercera, añadido el año 1999.

La regla general es que esos contratos, al igual que hemos dicho para los contratos de arrendamiento de viviendas, sigan sometidos y regulados a la normativa derivada de la Ley de Arrendamientos Urbanos de 1964, con las modificaciones que a continuación trataremos de sintetizar y que se refieren a su plazo de duración, a la posibilidad de revisar la renta, al disfrute de beneficios por parte del arrendador y al reconocimiento al arrendatario de determinados derechos (en concreto, el derecho a percibir una indemnización «por clientela» y el derecho preferente a permanecer en el local arrendado una vez extinguido el contrato).

En estos contratos se distingue entre que el arrendatario sea una «persona física» (es decir, un particular) o que sea una «persona jurídica» (es decir, una sociedad), presumiendo una «mayor solvencia económica», en palabras de la propia Exposición de Motivos de la LAU, «allí donde el entramado organizativo sea más complejo», presunción de carácter muy genérico que se refiere a las sociedades y que, a nuestro juicio, puede causar situaciones injustas en no pocos casos.

Supuesto de arrendatario persona física

En el supuesto que el arrendatario sea una persona física, el arrendamiento quedará extinguido por la jubilación o por el fallecimiento de esta, salvo que proceda alguna subrogación, según se explicará a continuación.

Antes de continuar, es necesario que precisemos qué cabe entender por «jubilación». Según Fuentes Lojo, hay que tener en cuenta «tanto el ángulo privado como el de la Seguridad Social», lo que significa que «suponga un cese en la actividad mercantil» que hubiere venido desarrollando hasta entonces. No existe unanimidad ni entre los estudiosos de la materia ni entre los propios tribunales de justicia acerca de si la normativa que estamos comentando afectará a los arrendatarios ya jubilados en el momento de entrar en vigor la LAU y, no obstante, siguieran al frente del negocio.

Ya hemos adelantado que la jubilación o fallecimiento del arrendatario persona física no significa automáticamente, en los contratos que nos ocupan, la extinción de los mismos, ya que puede ser que en su posición se subroguen (hemos definido con anterioridad ese término) determinadas personas. Ahora veremos, en concreto, qué personas.

En primer lugar, el cónyuge, siempre y cuando continuase con la actividad desarrollada en el local y si no se hubieran producido las dos subrogaciones permitidas por la Ley de Arrendamientos de 1964. A su vez, a la jubilación o fallecimiento del cónyuge subrogado, cabe una segunda subrogación en favor de los hijos o descendientes del arrendatario que continúen la actividad, salvo que ya se hubiera efectuado alguna subrogación antes del 1 de enero de 1995.

En defecto de «cónyuge supérstite» (en otras palabras, «cónyuge viudo») que continúe la actividad, se podrán subrogar en el contrato los hijos o descendientes del arrendatario que continúen la actividad.

Es decir: la norma general es que a la jubilación o fallecimiento del arrendatario, quien se subrogue sea el cónyuge. Aquí no está previsto que se pueda subrogar, como se permite con las viviendas, aquella persona, independientemente de la orientación sexual, con la que, sin mediar vínculo matrimonial, hubiere venido conviviendo el arrendatario de forma permanente en análoga relación de afectividad. Tampoco se exige la convivencia con el arrendatario.

Si dicho cónyuge no continuase la actividad (o, a su vez, estuviere en situación de jubilado o hubiese fallecido) y si en ese momento no hubiesen transcurrido 20 años desde la entrada en vigor de la ley (es decir, fuese antes del 1 de enero del 2015) se podrán subrogar los hijos o descendientes del arrendatario.

Asimismo, está previsto que si la subrogación se produce a favor del cónyuge viudo, al fallecimiento o jubilación de este, podrá existir una nueva subrogación a favor de los hijos o descendientes del arrendatario que continúen la actividad, excepto —y es muy importante tenerlo en cuenta— que antes del 1 de enero de 1995 se hubiere efectuado ya alguna subrogación.

Por no exigirlo la ley, no será necesario que quienes se subroguen hubiesen venido ejerciendo la actividad comercial con anterioridad ni tampoco será preciso que tengan que dirigir personalmente el negocio, pudiendo actuar mediante «apoderados», «factores» o «gerentes».

Por último, es importante no olvidar que al arrendatario y al cónyuge subrogado se les reconoce un derecho de traspaso sobre el local. La ley prevé, no obstante, que si este traspaso se lleva a cabo después del 1 de enero de 1995, el arrendamiento sólo seguirá vigente diez años desde su realización o por el número de años que quedaran desde el momento en que se realice el traspaso hasta computar veinte años desde la fecha de entrada en vigor de la Ley de Arrendamientos Urbanos, pese a que la ley se refiere a la fecha de la aprobación de la misma. Dichos plazos se incrementarán en cinco años más cuando en los diez años anteriores a la entrada en vigor de la ley se hubiere producido el traspaso del local.

Es decir, el arrendatario actual o su cónyuge (no los descendientes) tienen reconocido el derecho a traspasar, es decir, a ceder el contrato de arrendamiento mediante el pago de una suma de dinero, el local que vinieren ocupando. En el supuesto que se efectúe después de la entrada en vigor de la ley, el contrato se extinguirá a los diez años desde que se realice el traspaso o cuando se cumplan veinte de la entrada en vigor de la nueva LAU.

Por ejemplo: si el traspaso se efectúa el 30 de abril del año 2007, ¿cuándo se extinguirá el contrato? Si tenemos en cuenta que los veinte años de la entrada en vigor de la ley se celebrarán el 31 de diciembre del año 2014, observamos que el contrato se extinguirá el 29 de abril del 2017, a los diez años de efectuarse el traspaso. En cambio, si el traspaso se efectúa el 30 de abril del año 1998, el contrato se extinguirá el 29 de abril del 2015, a los veinte años de estar en vigor la LAU. Es decir, diez años es el plazo mínimo que sólo será válido si no resulta superior la aplicación del plazo de veinte años desde la aprobación de la ley.

Para terminar, podemos apuntar que, en la subrogación por jubilación o fallecimiento del arrendatario, no está regulada la notificación al arrendador, por lo que no sería exigible. No obstante, nuestro consejo es que, a fin de evitar posibles confusiones o malentendidos con la propiedad, sí se notifique tal hecho. El texto de la notificación podría ser como sigue:

[Datos del subrogado]

    [Datos del arrendador o del administrador de la finca]

    [Población y fecha]

    Distinguido/a Sr./Sra.:

Hago referencia al contrato de arrendamiento suscrito en [lugar y fecha], entre Ud. [o el nombre del arrendador, si la notificación se dirige al Administrador de la Finca] y [nombre del arrendatario], en relación con el local sito en [domicilio del mismo].

Por la presente pongo en su conocimiento la jubilación/el fallecimiento de [nombre del arrendatario] y mi intención de subrogarme en los derechos y obligaciones que para el mismo se derivaban por su condición de arrendatario.

En consecuencia, le ruego que, en adelante, se sirva expedir a mi nombre los recibos que del contrato de arrendamiento de referencia se deriven.

    Sin otro particular, atentamente.

Repetimos que la ley no exige dicha notificación, por lo que no será necesario acompañar documento alguno que demuestre la veracidad de lo que se afirma. De todas maneras, nos permitimos aconsejar que se adjunten, aunque sea mediante fotocopia, los documentos acreditativos de los hechos afirmados (libro de familia para acreditar el parentesco, certificado de fallecimiento o el correspondiente de jubilación).

La escasa jurisprudencia hasta la fecha existente se muestra rigurosa en cuanto a los requisitos exigibles para considerar que se puede resolver un contrato de arrendamiento por jubilación del arrendatario. Así, la sentencia de 13 de noviembre de 1995 dictada por el Juzgado de Primera Instancia n.º 3 de Madrid, consideró que la jubilación a tener en cuenta para que opere la resolución del contrato es «la referida a la actividad desarrollada por el inquilino en el local», no bastando la jubilación «de la actividad que venía desarrollando como trabajador por cuenta ajena». Es decir, no se estimó la demanda porque el local cuyo contrato se pretendía resolver se arrendó, y así constaba en este, para una determinada actividad que el arrendatario continuaba desarrollando, a pesar de haberse jubilado de un empleo por «cuenta ajena» (en otras palabras, como asalariado). En resumen, la jubilación que se ha de tener en cuenta es la referida a la actividad para la cual fue arrendado el local.

Supuesto de arrendatario persona jurídica

La ley distingue entre aquellos locales en los que se desarrollen «actividades comerciales» de aquellos en los que no se desarrollen.

Dentro de los locales comerciales, la ley distingue a su vez que el local tenga más de 2.500 m^2 o no.

Los contratos de arrendamiento referidos a locales en los que no lleven a cabo actividades comerciales pero que se desarrollen, por ejemplo, actividades industriales o de servicios, se extinguen en función de la cuota mínima de la tarifa del Impuesto de Actividades Económicas (IAE) correspondiente al ejercicio 1994.

Se hace preciso, por tanto, para una mejor comprensión de esta materia, distinguir entre tres tipos de contratos:

— Contratos de arrendamiento referidos a locales dedicados a actividades comerciales cuya superficie es de 2.500 m² o inferior.

— Contratos de arrendamiento referidos a locales en los que se llevan a cabo actividades comerciales cuya superficie es superior a 2.500 m².

— Contratos de arrendamiento referidos a locales en los que no se desarrollan actividades comerciales.

A continuación, se comentará cada uno de los grupos de contratos que se acaban de mencionar.

Contratos de arrendamiento referidos a locales
en los que se desarrollan actividades comerciales
cuya superficie es de 2.500 m² o inferior

Esta clase de contratos se extinguen en el plazo de 20 años desde la entrada en vigor de la ley, plazo que puede incrementarse hasta 25 años cuando, en los 10 años anteriores a dicha entrada en vigor se hubiera producido el traspaso del local de negocio.

Se consideran actividades comerciales a los efectos que nos interesan, «las comprendidas en la División 6 de la Tarifa del

Impuesto de Actividades Económicas», impuesto regulado en el Real Decreto Legislativo 1.175/90 del 28 de septiembre.

Esta División 6, que lleva por título genérico «Comercio, restaurantes y hospedaje. Reparaciones», comprende las agrupaciones siguientes: «comercio al por mayor» (agrupación 61), «recuperación de productos» (agrupación 62), «intermediarios del comercio» (agrupación 63), «comercio al por menor de productos alimenticios, bebidas y tabaco realizado en establecimientos permanentes» (agrupación 64), «comercio al por menor de productos industriales no alimenticios realizado en establecimientos permanentes» (agrupación 65), «comercio mixto o integrado; comercio al por menor fuera de un establecimiento comercial permanente (ambulancia, mercadillos y mercados ocasionales o periódicos); comercio en régimen de expositores en depósito y mediante aparatos automáticos; comercio al por menor por correo y catálogo de productos diversos» (agrupación 66), «servicio de alimentación» (agrupación 67), «servicio de hospedaje» (agrupación 68) y «reparaciones» (agrupación 69).

Si en un local se desarrollan una o diversas actividades a las que corresponden cuotas distintas, ¿cuál se ha de tomar en consideración? Se trata de un problema que la propia ley resuelve teniendo en cuenta la mayor de las cuotas, incumbiendo al arrendatario la prueba de la cuota que corresponda a la actividad desarrollada en el local arrendado. En defecto de prueba, el arrendamiento tendrá la duración mínima de las previstas.

¿Qué ocurriría en el supuesto de un contrato celebrado sobre un local de 1.500 m² si con posterioridad se celebró otro sobre un local contiguo, también de 1.500 m², como ampliación del primero y que se desarrollara la misma actividad?

Analizando las sentencias dictadas al respecto se concluye que no puede darse una regla general, habiendo de resolverse individualmente cada supuesto por separado y atendiendo a cuál fue la intención de las partes, ya que en un supuesto su deseo puede ser que, con el segundo contrato se estuviese «novando» (es decir, sustituyendo su contenido) el primero y en otro supuesto, lo que quisieran fuera celebrar un segundo contrato, pero manteniendo plenamente vigente el primero. Como es lógico, en el primer caso podría considerarse que se trata de un local de más de 2.500 m² y en el segundo caso, de dos locales de menos de dicha superficie cada uno, con las importantes consecuencias en uno y otro caso en cuanto al plazo de extinción. Por tanto, es siempre importante que intervenga un experto en la redacción de los contratos, ya que en muchas ocasiones, según se haya redactado la intención de una manera u otra, las consecuencias pueden ser muy distintas.

Contratos de arrendamiento referidos a locales
en los que se desarrollan actividades comerciales
cuya superficie es superior a 2.500 m²

Estos contratos se extinguirán a los 5 años de la entrada en vigor de la LAU, pudiéndose incrementar dicha duración en 5 años más si en los 10 años anteriores a la entrada en vigor de la LAU, se hubiera producido el traspaso del local de negocio. Dichos plazos se computarán a partir del 1 de enero de 1995 (fecha de entrada en vigor de la ley).

Contratos de arrendamiento referidos a locales
en los que no se desarrollan actividades comerciales

Los arrendamientos celebrados antes de la entrada en vigor del Decreto Boyer en los que no se desarrollen actividades comerciales (por ejemplo, una peluquería o un taller de tapicería) se extinguirán según los plazos siguientes:

— Si la tarifa del IAE es menor de 510,86 €, en veinte años.
— Si la tarifa es entre 510,87 y 781,32 €, en quince años.
— Si la tarifa es entre 781,32 y 1.141,92 €, en diez años.
— Si la tarifa es superior a 1.141,92 €, en cinco años.

Dichos plazos se pueden incrementar en cinco años más si en los diez años anteriores a la entrada en vigor de la LAU, se hubiera producido el traspaso del local de negocio. Como en los supuestos anteriormente analizados, dichos plazos se computarán a partir del 1 de enero de 1995 (fecha de entrada en vigor de la ley) y en caso de pluralidad de actividades con pluralidad de cuotas, se tomará la mayor de ellas correspondiendo la prueba al arrendatario.

Las cuotas que deben tomarse en consideración son las mínimas municipales o cuotas mínimas según tarifa que incluyen, cuando proceda, el complemento de superficie, correspondientes al ejercicio de 1994. En las actividades a las que corresponda una bonificación en la cuota del IAE, dicha bonificación se aplicará a la cuota mínima municipal o cuota mínima según tarifa a los efectos de determinar la cantidad que corresponda.

Si la cuota que se satisface es de 510,86 €, ¿cuál es el plazo de extinción? Vemos que la ley no previene este concreto supuesto, pero según Fuentes Lojo, debe aplicarse el criterio general de veinte años.

Régimen de la extinción y de la subrogación

La LAU se ocupa, como así ocurre con las viviendas, de permitir que el arrendador pueda actualizar la renta que el arrendatario venía satisfaciendo. Los términos de la actualización de la renta son, en general, los mismos que los correspondientes a las viviendas.

Para no caer en repeticiones innecesarias ofrecemos, a continuación, un resumen de las reglas específicas que regulan esta materia referidas a los locales de negocio:

a) Al igual que lo previsto para los contratos de arrendamiento de vivienda, la renta pactada inicialmente en el contrato que dio origen al arrendamiento deberá mantener con la renta actualizada la misma proporción que el Índice General Nacional del Sistema de Índices de Precios de Consumo (IPC) o que el Índice General Nacional o Índice General Urbano del Sistema de Índices de Costes de la Vida del mes anterior a la fecha del contrato. La diferencia estriba en que, con carácter excepcional, en los contratos celebrados antes del 12 de mayo de 1956, la renta inicial será la «renta revalorizada» a que hace referencia el artículo 96.10 de la Ley de Arrendamientos Urbanos del año 1964 y como índice correspondiente a la fecha del contrato, el del mes de junio de 1964.

b) De forma idéntica a las viviendas, de la renta actualizada —que absorberá las cantidades asimiladas— sólo será exigible al arrendatario el porcentaje que corresponda en función del año de actualización, según los cuadros que se reproducen a continuación, siempre que este importe sea mayor que la renta que viniera pagando el arrendatario en ese momento, incrementada en las cantidades asimiladas a la renta. En este caso, se pasaría a aplicar el porcentaje inmediatamente superior o, en su caso, el siguiente o siguientes que correspondan, hasta que la cantidad exigible de la renta actualizada sea superior a la que se estuviese cobrando sin la actualización.

La ley distingue entre:

1. Locales de negocio en los que una persona jurídica desarrolle una actividad comercial siempre que la superficie sea superior a 25.000 m^2 y locales de negocio en los que una persona jurídica no desarrolle dicha clase de actividades pero, en cambio, la cuota del IAE (Impuesto de Actividades Económicas) sea superior a 781,32 €.
2. Locales de negocio cuyo arrendatario sea una persona física, independientemente de la actividad desarrollada y del número de metros cuadrados de superficie arrendada; locales de negocio en los que, siendo el arrendatario una persona jurídica, se desarrollen actividades comerciales y tengan una superficie inferior a los 2.500 m^2 y también locales de negocio en los que una persona jurídica —con independencia de la superficie realmente arrendada— no desarrolle dichas actividades si su cuota de IAE es igual o inferior a 781,32 €.

En los supuestos descritos bajo el número 1, la revisión de la renta se hará según esta tabla:

Actualización a partir de la entrada en vigor de la LAU	Porcentaje exigible de la renta actualizada
1.°	10 %
2.°	20 %
3.°	35 %
4.°	60 %
5.°	100 %

A su vez, la revisión de la renta de los supuestos descritos bajo el número 2, se hará según esta tabla:

Periodo anual de actualización a partir de la entrada en vigor de la LAU	Porcentaje exigible de la renta actualizada
1.º	10 %
2.º	20 %
3.º	30 %
4.º	40 %
5.º	50 %
6.º	60 %
7.º	70 %
8.º	80 %
9.º	90 %
10.º	100 %

c) Los plazos mínimos de duración mencionados se incrementarán en cinco años si el arrendatario acepta la revisión, si se produce por su propia iniciativa o si la renta que se estuviese pagando el 1 de enero de 1995 fuera mayor que la resultante de la actualización.

d) Para las anualidades de los contratos de arrendamiento sobre locales de negocio que se iniciaron a partir del 1 de enero de 1995, y hasta la extinción de los mismos, el arrendador gozará de los derechos que se han analizado para las viviendas (valoración de la finca en el Impuesto sobre el Patrimonio por capitalización de la renta si ese criterio le es más favorable, repercusión en el arrendatario de la cuota del

IBI —Impuesto sobre Bienes Inmuebles— y del importe de las obras de reparación necesarias y los gastos de servicios y suministros).

e) Los arrendatarios determinados bajo el punto 2 pueden optar por la no actualización de la renta, manifestando su voluntad mediante escrito dirigido al arrendador en un plazo de treinta días naturales siguientes a la recepción del requerimiento efectuado. En este caso, el contrato se extinguirá a la quinta anualidad contada a partir de la entrada en vigor de la ley.

Así, pues, la notificación de actualización del arrendador habría de tener un tenor literal como el que sigue:

[Datos del arrendador o del administrador de la finca]

    [Datos del arrendatario]

    [Población y fecha]

    Distinguido/a Sr./Sra.:

Le dirijo la presente en relación con el contrato de arrendamiento que sobre el local de negocio sito en [dirección], se suscribió a [fecha], a fin de notificarle, que al amparo de lo dispuesto en la Disposición Transitoria 3.ª de la Ley 29/94 de Arrendamientos Urbanos, la renta actualizada que corresponde a la vivienda referida en el precedente párrafo es de ... € mensuales, cifra que resulta de aplicar la diferencia de IPC entre el mes de [mes anterior a la fecha del contrato] y el mes de [mes anterior a la actualización].

Según prevé la mencionada Disposición Transitoria, le corresponde satisfacer el ... % de dicha renta revalorizada, ... €.

Dicha cantidad será incrementada con los importes correspondientes al Impuesto sobre Bienes Inmuebles y los servicios y suministros que a continuación le especifico y cuya justificación documental le remito para su comprobación junto con la presente:

IBI
Tasa de recogida de basuras
Etcétera

Por tanto, el importe total del alquiler a pagar será de (suma de la renta, Impuesto sobre Bienes Inmuebles y servicios y suministros).

Le participo que puede Ud. oponerse a la actualización de la renta, en cuyo caso, por aplicación de la regla 8.ª del Apartado 7 C de la Disposición Transitoria Tercera, deberá Ud. comunicármelo fehacientemente en el plazo de 30 días naturales y quedando su contrato extinguido al vencimiento de la quinta anualidad a partir de la entrada en vigor de la Ley de Arrendamientos Urbanos.

Sin otro particular, reciba un cordial saludo.

A su vez, la respuesta del arrendatario que optase por la no actualización de la renta y la consecuente extinción del contrato a la quinta anualidad contada a partir de la entrada en vigor de la ley habría de ser así:

[Datos del arrendatario]

    [Datos del arrendador o del administrador de la finca]

[Población y fecha]

Distinguido/a Sr./Sra.:

Le dirijo la presente en relación con el contrato de arrendamiento que sobre el local de negocio sito en [dirección], se suscribió a [fecha] en respuesta al requerimiento de actualización de la renta por usted efectuado en fecha [fecha de la notificación].

Amparándome en el derecho que me reconoce la regla 8.ª del Apartado 7 C de la Disposición Transitoria 3.ª de la Ley 29/94 de Arrendamientos Urbanos, le comunico que he decidido optar por la rescisión del contrato en el plazo legalmente previsto de cinco años y el consecuente no aumento de la renta del mismo durante este plazo.

Por tanto, le ruego, en virtud de esta decisión, que deje sin valor ni efecto alguno la notificación de incremento de renta por usted remitida, procediendo a girar los recibos por el mismo importe que, hasta la fecha, he venido abonando.

A continuación, vamos a ofrecer un sencillo ejemplo en el que se aplicará, para un local de negocio, la fórmula de actualización a la que hemos hecho referencia:

> Se trata de un local de negocio arrendado a una sociedad en el mes de diciembre de 1963 cuya renta inicial era de 21,04 €, sin sufrir ninguna alteración posterior. La tarifa de IAE, por el desarrollo de una pequeña actividad industrial, es de 721,21 € anuales.

Para calcular la renta actualizada hemos de tener en cuenta, como hemos indicado, el IPC del mes anterior a la fecha de actualización, es decir, el correspondiente a noviembre de 1995, que fue del 116,371 y el IPC del mes de noviembre de 1963, por ser este el mes anterior a la fecha del contrato, que fue del 5,829. El cociente resultante habrá de multiplicarse por la renta inicial del contrato, que hemos dicho que eran 21,04 € y obtendremos así la renta actualizada.

Haciendo los cálculos comprobamos que la renta actualizada asciende a, aproximadamente, 419,87 €. Dicha «renta actualizada» le será exigible al arrendatario en diez años, por lo que para la primera anualidad de actualización le corresponderá pagar el 10 % de aquella cantidad, es decir, aproximadamente, 41,99 €.

f) El arrendatario de un local de negocio tiene reconocidos, al producirse la extinción del contrato, dos derechos a los que, según Fuentes Lojo, puede renunciar: uno es el de indemnización y otro el de preferencia para continuar en el local arrendado, cuyo ejercicio simultáneo se halla expresamente prohibido.

El «derecho de indemnización» se estipula por la ley en caso de no continuar en el uso del local arrendado cuando otra persona, sea el propietario o un nuevo arrendatario, pueda beneficiarse de la clientela captada por la actividad del antiguo arrendatario.

La indemnización consistirá en una cuantía equivalente a 18 mensualidades de la renta vigente en el momento de la extinción del contrato y se generará tal derecho si antes del transcurso de un año una persona ejercita en el local una actividad idéntica o afín a la que venía desarrollando el antiguo arrendatario.

Como es lógico, el derecho sólo nacerá si la extinción del contrato se produce por la terminación del plazo de duración del mismo, y no, por ejemplo, si el contrato se extingue por falta de pago.

Al mismo tiempo, aunque incompatible con el derecho anterior según hemos dicho, la ley reconoce al arrendatario, durante un año desde la extinción del contrato, un derecho de «preferencia» para continuar en el uso del local arrendado al tiempo de la extinción del contrato, frente a cualquier tercero.

El arrendador deberá notificar al arrendatario su propósito de celebrar un nuevo contrato, la renta, las condiciones esenciales y los datos del arrendatario. Al recibir tal notificación, el arrendador goza de un plazo de 30 días naturales para ejercitar su derecho.

Si el arrendador omite la notificación a que viene obligado o la misma no cumple los requisitos legalmente previstos, el arrendatario podrá subrogarse en el nuevo contrato en el plazo de 60 días, pudiendo desahuciar (es decir, obligando a abandonar el local) al nuevo arrendatario, el cual podría exigir al arrendador los daños y perjuicios que se le hubiesen causado.

Contratos de arrendamiento «asimilados»,
celebrados antes del día 9 de mayo de 1985
y que subsistían el 1 de enero de 1995

Estos contratos de arrendamiento —cuyo concepto exacto ya hemos estudiado con anterioridad— seguirán rigiéndose por la ley de arrendamientos de 1964, si bien con las siguientes modificaciones referidas al plazo de extinción y de revisión de la renta:

a) Los arrendamientos celebrados por la Iglesia católica y por las corporaciones que no persigan ánimo de lucro se extinguen en un periodo de quince años y su renta se revisará en diez años.

b) Los arrendamientos que sean celebrados por las administraciones públicas (el Estado, las comunidades autonómicas, la provincia o el municipio) se extinguen en un periodo de diez años y su renta se revisará en un periodo de cinco años.

c) Los arrendamientos asimilados a los de locales de negocio y los de fincas urbanas en los que se desarrolle una actividad profesional, se extinguen en cinco años y su renta se revisará, asimismo, en cinco años.

Comentario aparte merecen los arrendamientos de fincas urbanas en las que se desarrollen actividades profesionales (despachos de abogados, corredurías de seguros, economistas, ingenieros, traductores e intérpretes, etc.) para los que la Ley de Arrendamientos Urbanos dispone su extinción en cinco años, lo que ha provocado la más amplia repulsa por parte de los afectados, habiéndose llegado, incluso, a afirmar por algunos autores que se producía la inconstitucionalidad de dicha norma.

VOCABULARIO DE TÉRMINOS JURÍDICOS

Persona jurídica: Entiéndase, a los efectos de la LAU, cualquier tipo de sociedad mercantil (anónima o limitada), civil o, incluso, cooperativa.

Derecho de indemnización: Derecho que la LAU reconoce al arrendatario que no continúa en el uso del local arrendado por expiración del plazo a percibir una determinada cantidad en metálico cuando otra persona prosigue, antes del transcurso de un año, la misma actividad que venía ejerciendo aquel. El ejercicio de este derecho es incompatible con el ejercicio, a su vez, del «derecho de preferencia».

Derecho de preferencia: Derecho que la LAU reconoce al arrendatario que no continúa en el uso del local arrendado por expiración del plazo a continuar en el uso del local arrendado al tiempo de la extinción del contrato, frente a cualquier tercero. El ejercicio de este derecho es incompatible con el ejercicio, a su vez, del «derecho de indemnización».

CAPÍTULO V

APLICACIÓN DE LA LAU: ARRENDAMIENTOS INCLUIDOS Y EXCLUIDOS

■

Vamos a iniciar el estudio de la Ley de Arrendamientos Urbanos del 24 de noviembre de 1994 —que denominaremos con las siglas, LAU, o «nueva LAU» en contraposición a la ley arrendaticia existente hasta que fue dictada la actualmente en vigor— con la delimitación de los alquileres a los cuales se aplica dicha norma.

Dice textualmente el artículo 1 de la LAU:

«La presente ley establece el régimen jurídico aplicable a los arrendamientos de fincas urbanas que se destinen a vivienda o a usos distintos del de vivienda.»

Por tanto, quedan fuera de su ámbito de aplicación:

— Los arrendamientos cuyo objeto no sean «fincas urbanas».
— Los arrendamientos que, aun recayendo sobre una «finca urbana» no se destinen a servir como «vivienda» ni a uso «distinto del de vivienda».

Qué es una finca urbana

Lo primero que hemos de aclarar es el propio concepto de finca urbana. En general, podemos decir que, a los efectos de la LAU, es un sinónimo de «construcción» o «edificación», con absoluta independencia de la ubicación en que se encuentre esta, ya sea en una gran ciudad o en un pueblo.

Los arrendamientos urbanos se oponen a los arrendamientos rústicos. El arrendamiento rústico es aquel contrato por el cual se ceden temporalmente una o varias fincas para su aprovechamiento agrícola, pecuario o forestal a cambio de una renta y se regulan mediante la Ley de Arrendamientos Rústicos del 31 de diciembre de 1980.

Arrendamientos que la LAU excluye de su ámbito de aplicación

Conviene señalar que, no obstante, no todos los arrendamientos que tengan por objeto una «construcción» o una «edificación» se regirán por la LAU. En el artículo 5 se enumeran los contratos que, por causas diversas, no se someten al ámbito de aplicación de dicha ley. Estos contratos se refieren a:

a) El uso de las viviendas que, por razón del cargo que desempeñen o del servicio que presten, tengan asignadas porteros, guardas, asalariados, empleados o funcionarios.

b) El uso de las viviendas militares, con independencia de su calificación y régimen, que se regulan por su legislación específica.

c) Los contratos en que, arrendándose un finca con casa-habitación, sea el aprovechamiento agrícola, pecuario o forestal del predio la finalidad primordial del arrendamiento, en cuyo caso se regirán por la Ley de Arrendamientos Rústicos.

d) El uso de viviendas universitarias que sean asignadas a los alumnos matriculados en la correspondiente universidad y al personal docente y de administración y servicios dependiente de aquella.

Arrendamientos sometidos al régimen legal de la LAU

Una vez visto el contenido aproximado de los arrendamientos urbanos y especificados cuáles son los contratos que quedan excluidos de la LAU, falta determinar cuáles son los arrendamientos que se rigen por dicha ley.

Por la LAU se rigen dos grandes categorías de contratos: los «arrendamientos de vivienda» y los «arrendamientos para uso distinto del de vivienda».

Los arrendamientos de vivienda son aquellos dedicados a satisfacer la necesidad de vivienda permanente del arrendatario, su cónyuge o sus hijos dependientes. No obstante, pese a no cumplir dicha finalidad, se ha considerado conveniente que se regulen por las normas del arrendamiento de vivienda, siempre que tengan el carácter de «accesorio» respecto a la vivienda arrendada, «el mobiliario, los trasteros, las plazas de garaje y cualesquiera otras dependencias, espacios arrendados o servicios cedidos» (artículo 2.2 de la LAU).

Por su parte, no es necesario explicar a qué tipo de edificaciones se rigen por contratos de arrendamiento para uso distinto del de vivienda. Bastará con señalar que tienen la consideración de «arrendamientos para uso distinto del de vivienda» los de segunda residencia, los de temporada, los tradicionales de local de negocio y los asimilados a estos.

En general, se puede afirmar que la LAU vigente —y las que la precedieron— presenta una notable preocupación por la salvaguarda de los derechos del arrendatario de una vivienda, protección que no es tan acentuada en los casos de arrendamiento para uso distinto del de vivienda en los que la finalidad perseguida mediante el arrendamiento sea económica, recreativa o administrativa, intenciones todas ellas que, pese a ser absolutamente lícitas y legítimas, no merecen ser objeto, a juicio de la ley, de una especial protección.

Régimen aplicable a los arrendamientos regidos por la LAU

En este punto, la ley distingue entre tres clases de arrendamientos urbanos:

— Arrendamientos de vivienda cuya superficie no sea superior a los 300 m² ni su renta inicial anual exceda de 5,5 veces el salario mínimo interprofesional anual.
— Arrendamientos de «viviendas suntuarias», es decir, aquellas viviendas cuya superficie sea superior a los 300 m² (que los principales estudiosos del tema se inclinan por computar solamente los metros cuadrados «útiles») o en los que la renta inicial en cómputo anual sea, como mínimo, 5,5 veces el Salario Mínimo Interprofesional en cómputo anual.
— Arrendamientos para uso distinto del de vivienda.

Régimen común a todos ellos

En general, todos los arrendamientos regulados por la LAU se someterán, obligatoriamente, a lo que dispone la ley en cuanto a la fianza, la formalización por escrito del contrato y la competencia y los procedimientos judiciales a seguir en caso de litigios surgidos en relación con los contratos regulados en la LAU.

Aunque sea de forma breve, vamos a estudiar a continuación cada una de las materias referidas, excepto la fianza, ya que, por su importancia y trascendencia vamos a dedicarle un capítulo entero.

En cuanto a la formalización del contrato, hay que tener en cuenta que, pese a que parezca extraño, la ley no obliga a la formalización por escrito del mismo. Por tanto, es perfectamente posible la existencia de contratos verbales de arrendamiento (aunque no sea recomendable en ningún caso).

No obstante, puesto que la no constancia por escrito de las cláusulas de un contrato provoca innumerables conflictos y reclamaciones y supone una gran inseguridad para los afectados, está expresamente prevista la posibilidad de que cualquiera de las partes pueda compeler a la otra para que se formalice por escrito el contrato. La ley previene que los datos mínimos que deberán constar serán «la identidad de los contratantes, la identificación de la finca arrendada, la duración pactada, la renta inicial del contrato y las demás cláusulas que las partes hubieran libremente acordado» (segundo párrafo del artículo 37 de la Ley de Arrendamientos Urbanos).

Por lo que hace referencia al juez competente para resolver los litigios relativos a los arrendamientos que regula la LAU, el artículo 38 de la ley dispone que, obligatoriamente, sea el juez de Primera Instancia del lugar en que se halle la finca.

Así, por ejemplo, si en un contrato de arrendamiento sobre una vivienda sita en Bilbao que celebran dos personas que residen en San Sebastián, estas disponen que, por serles más cómodo, en caso de surgir diferencias entre ellas por razón de la vivienda que arriendan, la demanda se presente en los Tribunales de Barcelona, dicha cláusula será nula, puesto que la finca se halla sita en Bilbao.

En cuanto a las normas procesales que regulan esta materia, es importante tener en cuenta los siguientes extremos que se citan a continuación:

— En general, el juicio a seguir será el llamado «juicio ordinario», que es una categoría creada por la Ley de Enjuiciamiento Civil de 7 de enero de 2000.

— A pesar de lo que se acaba de señalar, se exceptúan los juicios de desahucio por falta de pago de la renta o de cualquier otra cantidad debida al arrendatario, o por extinción del plazo de la relación entre el arrendatario y el arrendador, que se tramitarán siguiendo lo que se conoce como «juicio verbal».

— Los recursos que se decida presentar contra las sentencias que hayan sido dictadas en los juicios de arrendamientos celebrados tendrán un tratamiento preferente, tanto ante las Audiencias Provinciales, como ante los Tribunales Superiores.

Se dispone, asimismo, que si un arrendador se ve en la obligación de demandar por unos mismos «hechos comunes» a distintos arrendatarios de una misma finca, pueda hacerlo en una sola demanda (puede «acumular las acciones», dice la ley), lo cual supone disponer de una ventaja tanto económica como de tiempo.

La ley dispone expresamente, no obstante, que no se pueden acumular las acciones relativas a los juicios de desahucio.

Podemos citar como ejemplos la reclamación de rentas atrasadas a un arrendatario y la exigencia de actualización de la renta a otro arrendatario (el «hecho común» sería la renta) o la reclamación del pago de los gastos comunitarios que fueran a cargo de los arrendatarios y que estos se hubiesen negado a pagar (el «hecho común» sería, lógicamente, el pago de dichos gastos comunitarios).

También está previsto que se puedan acumular las acciones de resolución del contrato y de reclamación de cantidades adeudadas. Así, si un arrendatario incumple con su obligación de abonar las rentas, el arrendador puede, en una sola demanda que se tramitará por el procedimiento del «juicio de cognición», exigir que se resuelva el contrato por impago y, al mismo tiempo, reclamarle el importe de estas.

Se prevé igualmente que los arrendatarios de una misma finca puedan acumular las acciones que les asistan contra el mismo arrendador, siempre que se fundamenten en «hechos comunes». Por ejemplo, si al arrendador le corresponde realizar determinadas obras a las que tienen derecho distintos arrendatarios.

Una novedad que la LAU introduce es la posibilidad de que las partes estipulen en el contrato que la resolución de los posibles litigios que surjan en relación con el contenido o la interpretación del contrato de arrendamiento que suscriben esté a cargo de los Tribunales Arbitrales y no de los Tribunales de Justicia. Nuestra opinión es que, puesto que nada dice la LAU al respecto, la designación de cuáles van a ser los Tribunales Arbitrales que resuelvan los posibles litigios que surjan es totalmente libre.

Siguiendo con el ejemplo anterior, el arrendador y el arrendatario residentes en Barcelona, que celebran un contrato en relación con una vivienda sita en Bilbao, podrían pactar que las eventuales controversias fueran resueltas por el Tribunal Arbitral de Barcelona y tal cláusula sería perfectamente válida.

Por ejemplo, una posible redacción de una cláusula por la cual se decide someter las eventuales diferencias, sería la que se encuentra a continuación:

Para la decisión de todas las cuestiones litigiosas derivadas del presente contrato o acto jurídico, las partes se someten al arbitraje institucional del Tribunal Arbitral de Barcelona, encomendándole la designación de los árbitros y la administración del arbitraje, así como obligándose a cumplir la decisión arbitral.

Una vez analizadas las normas de aplicación obligatoria para los arrendamientos que se someten a la LAU, ya sean de vivienda, de vivienda suntuaria o para uso distinto del de vivienda, estudiaremos cuál es el régimen legal de cada una de las distintas clases de contratos regulados por dicha ley.

Régimen de los arrendamientos de vivienda no suntuaria

Empezando por los «arrendamientos de vivienda» sin ningún adjetivo, es preciso señalar que son los más tutelados por la ley y se rigen, además de por las normas de aplicación obligatoria a cualquier arrendamiento sometido a la LAU, por las disposiciones del Título II de esta, en su defecto (es decir, allí donde la ley no diga nada) por la libre voluntad de las partes y, supletoriamente (es decir, cuando no exista regulación ni por parte de la ley ni por los contratantes) por el Código civil o por la legislación foral, en tanto contenga reglas sobre la materia.

Régimen de los arrendamientos de vivienda suntuaria

Los correspondientes al segundo grupo, los «arrendamientos de viviendas suntuarias», por tratarse de edificaciones lujosas o cuyo arrendatario es una persona de situación económica holgada, no merecen tanta protección por parte de la ley, regulándose, además de por las normas de obligatoria aplicación a cualquier arrendamiento sometido a la LAU por lo pactado por los contratantes, en su defecto por el Título II de la ley y, supletoriamente, por las disposiciones del Código civil o por la legislación foral, en tanto contenga reglas sobre la materia.

Régimen de los arrendamientos para uso distinto del de vivienda

Los «arrendamientos para uso distinto de vivienda» merecen, según la LAU, un tratamiento similar a los «arrendamientos de viviendas suntuarias» y se rigen, además de por las normas de obligatoria aplicación a cualquier arrendamiento sometido a la LAU, por lo pactado por los contratantes, en su defecto por el Título III de la ley y, supletoriamente, por las disposiciones del Código civil o por la legislación foral, en tanto contenga reglas sobre la materia.

En los capítulos que siguen estudiaremos con detalle el regimen jurídico de los contratos de vivienda que se regulan mediante la Ley de Arrendamientos Urbanos, por ser este el de referencia.

Hemos dicho que en los «arrendamientos de uso distinto del de vivienda», las partes gozan de mucha mayor libertad en cuanto a las estipulaciones por las que se regirá su contrato, por lo que, siguiendo el contenido de la ley, a estos dedicaremos un capítulo, tras haber analizado las normas del arrendamiento de vivienda.

Por último, terminaremos con unas necesarias referencias a determinados conceptos (como por ejemplo, la fianza) que son comunes tanto a los «arrendamientos de vivienda» como a los «arrendamientos de uso distinto del de vivienda».

VOCABULARIO DE TÉRMINOS JURÍDICOS

Arrendamiento de vivienda: Arrendamiento de una edificación dedicada a vivienda permanente del arrendatario, cónyuge o hijos dependientes. Se regulan como tales, siempre que tengan el carácter de «accesorio» respecto a la vivienda arrendada, el mobiliario, los trasteros, las plazas de garaje y otras dependencias, espacios o servicios.

Arrendamiento para uso distinto del de vivienda: Arrendamiento que recayendo sobre una edificación tiene como destino primordial una finalidad que no sea la señalada para la vivienda. Tienen dicha consideración, además, los arrendamientos de segunda residencia, los de temporada, los tradicionales de local de negocio y los asimilados a estos.

Arrendamiento de vivienda suntuaria: Aquel que recae sobre una edificación de superficie superior a trescientos metros cuadrados o su renta inicial anual exceda de 5,5 veces el salario mínimo interprofesional anual.

Apéndice normativo

Artículos 1 al 5 de la Ley de Arrendamientos Urbanos

TÍTULO I
Ámbito de la ley

Artículo 1. *Ámbito de aplicación.*

La presente ley establece el régimen jurídico de los arrendamientos urbanos que se destinen a vivienda u otros usos.

Artículo 2. *Arrendamiento de vivienda.*

1. Se considera arrendamiento de vivienda aquel que recae sobre una edificación habitable destinada a satisfacer la necesidad permanente de vivienda del arrendatario.
2. Las normas reguladoras se aplicarán también al mobiliario, los trasteros, las plazas de garaje y otras dependencias, espacios o servicios cedidos como accesorios.

Artículo 3. *Arrendamiento para uso distinto del de vivienda.*

1. Es arrendamiento para uso distinto del de vivienda el que tenga como destino primordial uno distinto del establecido en el artículo anterior.
2. En especial, tendrán esta consideración los arrendamientos de fincas urbanas celebrados por temporada, sea esta de verano o cualquier otra, y los celebrados para ejercerse en la finca una actividad industrial, comercial, artesanal, profesional, recreativa, asistencial, cultural o docente, cualquiera que sean las personas que lo celebren.

Artículo 4. *Régimen aplicable.*

1. Los arrendamientos regulados por la presente ley se someterán de forma imperativa a lo dispuesto en los Títulos I, IV y V de la misma y a lo dispuesto en los apartados siguientes.
2. Respetando lo establecido en el apartado anterior, los arrendamientos de vivienda se rigen por lo dispuesto en el Título II de la presente ley, en su defecto por la voluntad de las partes y, supletoriamente, por el Código civil.
   Se exceptúan de lo así dispuesto los arrendamientos de vivienda de superficie superior a trescientos metros cuadrados o en los que la renta inicial en cómputo anual exceda de 5,5 veces el salario mínimo interprofesional en cómputo

anual. Estos se regirán por la voluntad de las partes, en su defecto por el Título II de la presente ley y, supletoriamente, por las disposiciones del Código civil.

3. Sin perjuicio de lo dispuesto en el apartado I, los arrendamientos para uso distinto de vivienda se rigen por la voluntad de las partes, en su defecto, por el Título III de la presente ley y, en su caso, por lo dispuesto en el Código civil.

4. La exclusión de la aplicación de los preceptos de esta ley, cuando ello sea posible, deberá hacerse de forma expresa respecto a cada uno de ellos.

Artículo 5. *Arrendamientos excluidos.*

Quedan excluidos del ámbito de aplicación de esta ley:

a) El uso de las viviendas que los porteros, guardas, asalariados, empleados y funcionarios tengan asignadas por razón del cargo que desempeñen o del servicio que presten.

b) El uso de las viviendas militares, que se regirán por lo dispuesto en su legislación específica.

c) Los contratos en que, arrendándose un finca con casa-habitación, sea el aprovechamiento agrícola, pecuario o forestal del predio la finalidad primordial del arrendamiento. Estos contratos se regirán por lo dispuesto en la legislación aplicable sobre arrendamientos rústicos.

d) El uso de viviendas universitarias, cuando hayan sido calificadas como tales por la universidad propietaria de las mismas, que sean asignadas a los alumnos matriculados en la correspondiente universidad y al personal docente y de administración y servicios dependiente de aquella, por razón del vínculo que se establezca entre cada uno de ellos y la universidad respectiva, a la que corresponderá en cada caso el establecimiento de las normas.

CAPÍTULO VI

ARRENDAMIENTOS DE VIVIENDAS EN GENERAL Y SU DURACIÓN

■

Con el presente capítulo iniciamos el análisis del contrato de arrendamiento de viviendas según la vigente LAU, estudiando en primer lugar qué clases de arrendamientos de vivienda existen, haciendo hincapié, a continuación, en un aspecto tan importante como su duración.

Clases de arrendamiento de viviendas según la LAU

Lo cierto es que no encontramos artículo alguno en la ley que distinga, expresamente, diferentes clases de contratos de arrendamiento de viviendas, pero no es incorrecto afirmar que existen dos de ellas.

En primer lugar, los arrendamientos que recaen sobre viviendas de superficie útil no superior a los 300 m^2 y cuya renta no supere 5,5 veces el salario mínimo interprofesional. Normalmente, a estos arrendamientos se les denomina «de vivienda», sin ningún otro adjetivo.

Contrapuestos se hallan los «arrendamientos de vivienda suntuaria». Son aquellos cuya superficie excede de los 300 m^2 o cuya renta supera en 5,5 veces el salario mínimo interprofesional.

Régimen legal de los arrendamientos de viviendas

Ya hemos hecho referencia a las diferencias de régimen legal aplicable a unos u otros contratos. Según hemos dicho en el capítulo precedente, los arrendamientos de viviendas (no suntuarias) se regirán por las siguientes normas:

— Las de obligatoria aplicación a cualquier arrendamiento sometido a la LAU que hemos estudiado; es decir, los artículos 36 al 40, ambos inclusive, que versan acerca de la obligatoriedad de que sea exigida y prestada una fianza en metálico, de la no necesaria constancia escrita del contrato (y la posibilidad de que las partes se compelan recíprocamente para ello) y de los procesos judiciales relativos a los arrendamientos (con la posibilidad de establecer la sumisión a los tribunales arbitrales).

— Las disposiciones del Título II. Dicho título contiene los siguientes capítulos: normas generales (cuyo apartado más importante es el que hace relación a la cesión del contrato y al subarriendo), duración del contrato, renta, derechos y obligaciones de las partes y, por último, suspensión, resolución y extinción del contrato.

— En su defecto (es decir, allí donde la ley no establezca nada de forma imperativa o, simplemente, no lo contemple) por la libre voluntad de las partes, teniendo, no obstante, presente el contenido del artículo 6 de la LAU que establece la nulidad de las estipulaciones que modifiquen en perjuicio del arrendatario o subarrendatario las normas del Título II, salvo si la norma expresamente lo autoriza, como es el caso de los gastos generales no susceptibles de individualización que correspondan a la vivienda arrendada o a sus accesorios, cuyo pago puede ser convenido a cargo del arrendatario, según establece el artículo 20.1.

— Supletoriamente (es decir, cuando no exista regulación ni por parte de la ley ni por parte de los contratantes) por el Código civil o por la legislación foral, en tanto contenga reglas sobre la materia (como ocurre, por ejemplo, en Navarra).

Por su parte, los arrendamientos de viviendas suntuarias (que, por sus especiales características, no son tan protegidos y tutelados como los de vivienda «no suntuaria») se rigen:

— Como cualquier arrendamiento sometido a la LAU, por los artículos 36 al 40, ambos inclusive, de la ley a los que se acaba de hacer referencia.

— En todo lo no establecido en dichos artículos (es decir, en todo excepto lo que haga referencia a la obligatoriedad de prestación de una fianza en metálico, a la posibilidad de contratación verbal y a la competencia y procedimiento judicial o arbitral), por la voluntad de las partes.

— Con carácter supletorio, por el Código civil o, en su caso, por la legislación foral existente al respecto.

Con independencia de todo lo anterior, el artículo 7 de la LAU establece que, pese a que la vivienda no sirva para satisfacer la necesidad permanente de vivienda del propio arrendatario, el contrato no sólo por este motivo quedará desvirtuado o desnaturalizado. Seguirá siendo un contrato de arrendamiento de vivienda si, al menos, sirve como tal para el cónyuge no separado del arrendatario o para sus hijos dependientes.

Asimismo, como ya hemos dicho, la normativa reguladora del arrendamiento de vivienda se aplicará al mobiliario, los trasteros, las plazas de garaje y cualesquiera otras dependencias, espacios arrendados o servicios cedidos como accesorios de la finca por el mismo arrendador. Es decir: es perfectamente claro y evidente que una plaza de garaje no puede cumplir la finalidad de una vivienda, pero parece aconsejable que si su arrendamiento se conviene como siendo «parte accesoria» de un piso, el régimen legal de ambas construcciones sea el mismo.

A continuación vamos a analizar un importante aspecto de los contratos de arrendamiento, como es el de su duración, incidiendo en la posibilidad de ceder el contrato, en la subrogación y el subarriendo.

Duración de los contratos. La prórroga

El principio general es que la duración del contrato de arrendamiento será la que libremente decidan las partes.

No obstante, la ley prevé que si acordara una duración inferior a cinco años, el arrendatario gozará de la posibilidad de prorrogarlo por plazos anuales hasta que alcance dicha duración, sin que el arrendador se pueda oponer al ejercicio de dicha facultad por parte del arrendatario.

De hecho, se trata de una «prórroga automática» que tan sólo no operará si el arrendatario manifiesta al arrendador su voluntad de no renovación con treinta días de antelación como mínimo a la fecha de terminación del contrato o de cualquiera de las prórrogas.

En conclusión, los arrendamientos de vivienda pueden ser concertados por el plazo que se desee, pero en caso de celebrarse por menos de cinco años, el arrendatario podrá prorrogar la duración del contrato hasta dicho plazo.

Si las partes no han dispuesto nada al respecto o el plazo que se estipula es indeterminado, la ley entiende que son celebrados por un año. En estos supuestos se aplica, igualmente el derecho de prórroga anual para el arrendatario, en los términos que acabamos de analizar.

El escrito mediante el cual el arrendatario renunciara a la prórroga anual debería tener el siguiente contenido:

Le notifico mi voluntad de dar por finalizada, a partir del próximo día [treinta días de antelación como mínimo] la vigencia del contrato de arrendamiento que sobre la vivienda sita en ... suscribimos en fecha ...

Por tanto, en aquella fecha procederé a dejar totalmente libre, vacua y expedita dicha vivienda y a su plena disposición, siendo mi intención que me haga entrega de la fianza legal constituida al mismo tiempo que le devolveré las llaves de la finca.

Solamente existe una excepción al derecho de prórroga obligatoria del contrato por parte del arrendatario: se trata del supuesto en que, al tiempo de celebrarse el contrato, se haga constar expresamente la necesidad para el arrendador de ocupar la vivienda arrendada antes del transcurso de cinco años para destinarla a vivienda permanente para sí.

Puesto que la ley es consciente de que una previsión como esta podría causar muchos abusos dispone que, si transcurridos tres meses a contar de la extinción del contrato, el arrendador no hubiese ocupado la vivienda, el arrendatario tendrá derecho, a su elección:

— A que le sea otorgado un nuevo contrato de un periodo de hasta cinco años, con indemnización de los gastos que el desalojo de la vivienda le hubiera supuesto hasta el momento de la reocupación.

— A ser indemnizado con una cantidad igual al importe de la renta por los años que quedaren hasta completar cinco.

Si han transcurrido como mínimo cinco años y llega la fecha de vencimiento del contrato y ni el arrendador ni el arrendatario notifican, al menos con un mes de antelación, su voluntad de no renovarlo, el contrato se prorrogará por plazos anuales hasta un máximo de tres.

El arrendatario tiene la facultad de que no se renueve el contrato, para lo cual deberá manifestar su voluntad en este sentido al arrendador al menos con un mes de antelación a la fecha de terminación de cualquiera de las anualidades.

Al contrato prorrogado se le aplicará el mismo régimen legal y convencional (es decir, de los pactos que las partes hayan convenido) al que estuviera sometido.

Cesión del contrato y subrogación

A menudo se plantea la siguiente pregunta: ¿es posible ceder, a la luz de la nueva LAU, el contrato de arrendamiento? La ley es muy clara en este punto al disponer que, excepto si media consentimiento escrito del arrendador, el contrato no podrá ser cedido por el arrendatario.

Además, en los casos en que el arrendador consienta en la cesión, el cesionario (es decir, el nuevo ocupante) se subrogará (es decir, será titular de los derechos y las obligaciones) en la posición del cedente (es decir, del arrendatario que cede su contrato) frente al arrendador.

Independientemente de lo dicho anteriormente, la Ley de Arrendamientos Urbanos también se ocupa de la llamada «subrogación» en el contrato de arrendamiento, o lo que es lo mismo, de la posibilidad del uso y disfrute de la vivienda por parte de determinadas personas al producirse el fallecimiento del arrendatario.

En concreto, las personas que, en caso de muerte del arrendatario, podrán subrogarse en el contrato son las siguientes:

1.º El cónyuge del arrendatario que al tiempo del fallecimiento conviviera con él o la persona que hubiera venido conviviendo con el arrendatario de forma permanente en análoga relación de afectividad a la de cónyuge —sea cual fuere su orientación sexual— durante, al menos, los dos años anteriores al tiempo del fallecimiento, salvo que hubieran tenido descendencia en común, en cuyo caso bastará la mera convivencia.

2.º Los descendientes del arrendatario que en el momento de su fallecimiento estuvieran sujetos a patria potestad o tutela, o hubiesen convivido habitualmente con él durante los dos años precedentes.

3.º Los ascendientes del arrendatario que hubieran convivido habitualmente con él durante los dos años precedentes a su fallecimiento.

4.º Los hermanos del arrendatario que hubieran convivido habitualmente con él durante los dos años precedentes a su fallecimiento.

5.º Las personas distintas de las mencionadas en los ordinales anteriores que sufran una minusvalía igual o superior al sesenta y cinco por ciento, siempre que tengan una relación de parentesco hasta el tercer grado colateral con el arrendatario y hayan convivido con él durante los dos años anteriores al fallecimiento.

Como es lógico, si al tiempo del fallecimiento del arrendatario no existiera ninguna de estas personas, el arrendamiento quedará extinguido.

Por otra parte, si existiesen varias de las personas mencionadas, a falta de acuerdo unánime sobre quién de ellos será el beneficiario de la subrogación, se aplicarán las siguientes tres reglas:

1.ª En general, regirá el orden de prelación que se ha detallado, salvo en que los padres serán preferidos a los descendientes.

2.ª Entre los descendientes y entre los ascendientes, tendrá preferencia el más próximo en grado, y entre los hermanos, el de doble vínculo sobre el medio hermano.

3.ª Los casos de igualdad se resolverán en favor de quien tuviera una minusvalía reconocida igual o superior al sesenta y cinco por ciento; en defecto de esta situación, de quien tuviera mayores cargas familiares y, en última instancia, primero en favor del descendiente de menor edad, después el ascendiente de mayor edad o, por último, el hermano más joven.

¿Cómo se debe hacer valer el derecho a la subrogación? De la siguiente manera: la persona que se considere con derecho a subrogarse en la posición del arrendatario fallecido deberá, en el plazo de tres meses desde el fallecimiento del arrendatario, notificar por escrito al arrendador de tal hecho, acompañando certificado registral de defunción y sus datos completos, así como su parentesco con el fallecido y ofreciendo un principio de prueba de que cumple los requisitos legales para subrogarse. Si la notificación no se realiza dentro del mencionado plazo de tres meses, el contrato se extinguirá.

Si el arrendador recibiera en tiempo y forma varias notificaciones cuyos remitentes sostengan su condición de beneficiarios de la subrogación, podrá el arrendador considerarles deudores solidarios de las obligaciones propias del arrendatario, mientras mantengan su pretensión de subrogarse.

Si una persona se halla en situación de poderse subrogar en la posición de un arrendatario que fallece y no le interesa ejercer esta opción, es conveniente que, en el plazo del mes siguiente al fallecimiento, notifique por escrito al arrendador su decisión ya que la ley dispone que todos los que pudieran suceder al arrendatario (salvo aquellos que renunciaran a su opción) quedarán obligados al pago de la renta hasta la extinción del contrato.

Respecto a la naturaleza del derecho a la subrogación, destaquemos que en aquellos arrendamientos cuya duración inicial sea superior a cinco años las partes pueden establecer que si el fallecimiento del arrendatario tiene lugar transcurridos los cinco primeros años de duración del arrendamiento, se puede renunciar a tal derecho. Asimismo, en contratos de dicha duración, pueden establecer que el arrendamiento se extinga a los cinco años si el fallecimiento se produce con anterioridad. Estos pactos, repetimos, sólo son posibles en contratos de arrendamiento cuya duración inicial sea superior a cinco años.

Los escritos de cesión y subrogación, respectivamente deberían redactarse de la siguiente manera:

Por la presente le comunico mi intención de ceder, a partir del próximo mes de ..., la vivienda sita en ... a favor de D./Dña. ..., quien, si así usted lo autoriza, pasará a subrogarse en mi posición contractual.

Por la presente le comunico que en fecha ..., falleció D./Dña. ... (según acredito mediante certificado de defunción que acompaño) quien era arrendatario de la vivienda sita en ...

En mi calidad de ..., que justifico mediante copia de [libro de familia/certificado de empadronamiento] le comunico, dentro del plazo dispuesto en el artículo 16 de la Ley de Arrendamientos Urbanos, mi voluntad de subrogarme en los derechos y obligaciones que para D./Dña. ... se derivaban del contrato de arrendamiento con él suscrito en relación con la vivienda referida.

El subarriendo

¿Es posible subarrendar la vivienda alquilada? Es decir, ¿es posible que el arrendatario, a su vez, arriende la vivienda que ocupa? La respuesta es afirmativa en cuanto al subarriendo parcial, pero no está prevista la posibilidad de subarriendo total (a diferencia de la LAU del año 1964). No obstante, hay que tener en cuenta que, en cualquier caso, la vivienda arrendada sólo se podrá subarrendar, y siempre parcialmente, con el previo consentimiento escrito del arrendador.

La parte de la finca subarrendada se puede destinar a servir como «vivienda» o puede otorgársele otra finalidad (es decir, usarla como despacho de un abogado o instalando una pequeña industria doméstica). En el primer supuesto, el subarriendo se regirá por lo dispuesto en la ley, como si de un arrendamiento de vivienda se tratase. En el caso que la parte de la finca subarrendada se destine por el subarrendatario a otra finalidad que no sea la de servir de vivienda, se regirá por lo pactado entre las partes.

Por último, según la LAU, el derecho del subarrendatario siempre se extinguirá cuando lo haga el del arrendatario que subarrendó y el precio del subarriendo no podrá nunca exceder de la renta que corresponda al arrendamiento.

Desistimiento del contrato

Una vez celebrado el contrato, las circunstancias (económicas, laborales, etcétera) del arrendatario pueden variar de forma muy notable: ¿puede el arrendatario desistir del contrato en estos casos?

En principio, hay que tener en cuenta la regla general respecto a cualquier contrato en el sentido de que sus pactos se establecen para ser cumplidos. A pesar de lo anterior, como ya hemos dicho, siendo la LAU una norma que tiende a proteger al arrendatario, establece que en arrendamientos de duración pactada superior a cinco años, el arrendatario pueda desistir del contrato siempre que este hubiere tenido dicha duración y que avise antes al arrendador con una antelación mínima de dos meses.

No obstante, como pacto que las partes pueden estipular en el contrato (siempre que su duración sea superior a cinco años) la ley permite que establezcan que, para el caso de desistimiento, el arrendatario indemnice al arrendador con una cantidad equivalente a una mensualidad de la renta en vigor por cada año del contrato que reste por cumplir, con prorrateo de los periodos de tiempo inferiores al año.

Protección al cónyuge o a la pareja de hecho

Una importante novedad que ha aportado la LAU actualmente en vigor es la protección que se otorga al cónyuge o a la pareja (hetero u homosexual) que de forma permanente y en análoga relación de afectividad a la de cónyuge hubiere convivido con el arrendatario, en todos aquellos supuestos en que el arrendatario manifieste su voluntad de no renovar el contrato o de desistir de él, ya que es exigible el consentimiento de aquellos.

Si no consta dicho consentimiento, el arrendamiento podrá continuar en beneficio del cónyuge o la pareja de hecho, estableciendo la ley que el arrendador pueda requerir al cónyuge del arrendatario para que manifieste, en quince días, su voluntad al respecto, mediante un escrito que debería tener el tenor literal que a continuación se mostrará. Conviene señalar que si no se responde a la notificación, el cónyuge o el conviviente quedará obligado al pago de la renta.

El escrito debería ser como sigue:

Por la presente le comunico que, en fecha ..., D./Dña. ..., arrendatario de la vivienda sita en ..., me ha manifestado su voluntad de desistir/no renovar el contrato de arrendamiento.

Puesto que no me consta que usted haya dado su consentimiento al respecto, le requiero para que, en el plazo de quince días, manifieste si es su deseo que dicho contrato se mantenga en su beneficio. De no atender en plazo este requerimiento, resolveré el contrato y quedará obligado, según dispone la ley, al pago de la renta hasta el momento de la extinción de aquel.

Por su parte, si el cónyuge o la pareja de hecho deseara continuar el arrendamiento debería responder mediante un escrito que viniera a decir lo siguiente:

En respuesta al requerimiento por usted efectuado en fecha ... mediante el que me comunicaba el desistimiento/la no renovación del contrato de arrendamiento suscrito en fecha ... con D./Dña. ... en relación con la vivienda sita en ..., en mi calidad de ... le manifiesto, mediante la presente, mi inequívoco deseo de continuar en dicho contrato.

Resolución del derecho del arrendador

La ley no es ajena a la posibilidad de que el derecho de propiedad que ostentaba el arrendador en el momento de celebrar el contrato quede resuelto, por ejemplo, por la enajenación forzosa de la vivienda derivada de una ejecución hipotecaria o de sentencia judicial.

Pues bien, en estos y en otros casos (como son el ejercicio de una opción de compra, el ejercicio de un retracto convencional o la apertura de una sustitución fideicomisaria), el arrendatario tendrá derecho a continuar en el arrendamiento hasta que se cumplan cinco años.

Si nos hallásemos ante un contrato de duración pactada superior a cinco años y si el derecho del arrendador quedara resuelto por cualquiera de las circunstancias mencionadas, el arrendamiento quedaría extinguido.

Solamente está prevista una excepción: es el supuesto en que el contrato de arrendamiento haya accedido al Registro de la Propiedad con anterioridad a los derechos determinantes de la resolución del derecho del arrendador, en cuyo caso el arrendamiento continuará por la duración pactada; de aquí la recomendación de inscribir en dicho Registro los contratos de arrendamiento.

Enajenación de la vivienda arrendada

El arrendador-propietario de una vivienda arrendada puede vender libremente la finca, quedando el adquirente, subrogado en los derechos y obligaciones del arrendador durante los cinco primeros años de vigencia del contrato.

Si la duración pactada fuera superior a cinco años, el adquirente quedará subrogado por la totalidad de la duración pactada, salvo que sea lo que en terminología técnica se denomina «tercero de buena fe» (es decir, aquella persona que, mediante pago de precio, adquiere una finca de otra quien, según el Registro de la Propiedad, es el propietario de esta). Si así fuera, el adquirente sólo deberá soportar el arrendamiento durante el tiempo que reste para el transcurso del plazo de cinco años.

Dado que de esto se podría derivar una grave injusticia para el arrendatario al que se le hubiese otorgado un contrato por más de cinco años, la ley prevé que el arrendador-propietario que ha vendido la finca indemnice al arrendatario con una cantidad equivalente a una mensualidad de la renta en vigor por cada año del contrato que, excediendo del plazo citado de cinco años, reste por cumplir.

Todo lo anterior puede ser desvirtuado mediante estipulación contractual, ya que estas pueden pactar que la enajenación de la vivienda extinga el arrendamiento. En este caso, el adquirente sólo deberá soportar el arrendamiento durante el tiempo que reste para el transcurso del plazo de cinco años.

Separación, divorcio o nulidad del matrimonio del arrendatario

En los casos de nulidad del matrimonio, separación judicial o divorcio del arrendatario, el cónyuge no arrendatario podrá continuar en el uso de la vivienda arrendada cuando le sea atribuida judicialmente.

La voluntad del cónyuge de continuar en el uso de la vivienda deberá ser comunicada al arrendador en el plazo de dos meses desde que fue notificada la resolución judicial correspondiente, justificando que le fue atribuido el uso de la vivienda mediante copia de la entera resolución judicial o, al menos, de la parte de la misma que afecte al uso de la vivienda.

En relación con esta materia, cabe destacar la sentencia dictada por el Juzgado de Primera Instancia n.º 3 de Madrid en fecha del 22 de septiembre de 1995 en la que se establece que, a fin de no perder el derecho que le pueda corresponder al cónyuge no arrendatario que desee continuar en el uso de la vivienda, este deberá satisfacer las rentas, sin perjuicio de que proceda, posteriormente, a reclamarlas de quien corresponda.

El escrito mediante el cual el cónyuge separado, divorciado o con matrimonio anulado comunica al arrendador la sentencia judicial debería ser como sigue:

Por la presente le comunico que en el procedimiento ... tramitado ante el Juzgado ..., me ha sido adjudicado el uso de la vivienda ..., según acredito mediante resolución de fecha ..., que me ha sido notificada en fecha ..., copia de la cual le adjunto.

De acuerdo con lo que dispone el artículo 15 de la Ley de Arrendamientos Urbanos, le comunico mi voluntad de continuar, en nombre propio, el arrendamiento que, en su día fue celebrado con D./Dña. ... sobre la vivienda sita en ...

VOCABULARIO DE TÉRMINOS JURÍDICOS

Cesión: Subrogación que, en su posición contractual, realiza el arrendatario a favor de un tercero. La vigente LAU exige la autorización escrita del arrendador.

Subrogación: Ocupación de la posición contractual del arrendatario al producirse su fallecimiento.

Subarriendo: Contrato mediante el cual el arrendatario (que, sin perder tal posición, pasa a ser «subarrendador») cede a su vez parcialmente la vivienda que ocupa a un tercero, llamado «subarrendatario». La vigente LAU exige la autorización expresa y escrita del arrendador.

Apéndice normativo

Artículos 6 al 16 de la Ley de Arrendamientos Urbanos

TÍTULO II
De los arrendamientos de vivienda

CAPÍTULO I
Normas generales

Artículo 6. Naturaleza de las normas.

Son nulas, y se tendrán por no puestas, las estipulaciones que modifiquen en perjuicio del arrendatario o subarrendatario las normas del presente Título, salvo los casos en que la propia norma expresamente lo autorice.

Artículo 7. *Condición de arrendamiento de vivienda.*

El arrendamiento de vivienda no perderá esta condición aunque el arrendatario no tenga en la finca arrendada su vivienda permanente, siempre que en ella habiten su cónyuge no separado legalmente o de hecho, o sus hijos dependientes.

Artículo 8. *Cesión del contrato y subarriendo.*

1. El contrato no se podrá ceder por el arrendatario sin el consentimiento escrito del arrendador. El cesionario se subrogará en la posición del cedente frente al arrendador.
2. La vivienda arrendada sólo se podrá subarrendar de forma parcial y previo consentimiento escrito del arrendador.

   El subarriendo se regirá por lo dispuesto en el presente Título para el arrendamiento cuando la parte de la finca subarrendada se destine por el subarrendatario a la finalidad indicada en el artículo 2.1. De no darse esta condición, se regirá por lo pactado entre las partes.

   El derecho del subarrendatario se extinguirá, en todo caso, cuando lo haga el del arrendatario que subarrendó.

   El precio del subarriendo no podrá exceder, en ningún caso, del que corresponda al arrendamiento.

CAPÍTULO II
De la duración del contrato

Artículo 9. *Plazo mínimo.*

1. La duración del arrendamiento será libremente pactada por las partes. Si esta fuera inferior a cinco años, llegado el

día del vencimiento del contrato, este se prorrogará obligatoriamente por plazos anuales hasta que el arrendamiento alcance una duración mínima de cinco años, salvo que el arrendatario manifieste al arrendador con treinta días de antelación como mínimo a la fecha de terminación del contrato o de cualquiera de las prórrogas, su voluntad de no renovarlo.

El plazo comenzará a contarse desde la fecha del contrato o desde la puesta del inmueble a disposición del arrendatario si esta fuere posterior. Corresponderá al arrendatario la prueba de la fecha de la puesta a disposición.

2. Se entenderán celebrados por un año los arrendamientos para los que no se haya estipulado plazo de duración o este sea indeterminado, sin perjuicio del derecho de prórroga anual para el arrendatario, en los términos resultantes del apartado anterior.

3. No procederá la prórroga obligatoria del contrato cuando, en el momento de su celebración, se haga constar en el mismo por escrito de forma expresa, la necesidad para el arrendador de ocupar la vivienda arrendada antes del transcurso de cinco años para destinarla a vivienda permanente para sí mismo.

Si transcurridos tres meses a contar desde la extinción del contrato, no hubiera el arrendador procedido a ocupar la vivienda por sí, estará obligado a reponer al arrendatario en el uso y disfrute de la vivienda arrendada por un nuevo periodo de hasta cinco años, con indemnización de los gastos que el desalojo de la vivienda le hubiera supuesto hasta el momento de la nueva ocupación o indemnizarle, a elección del arrendatario, con una cantidad igual al importe de la renta por los años que quedaren hasta completar cinco.

Artículo 10. *Prórroga del contrato.*

Si llegada la fecha de vencimiento del contrato, una vez transcurridos como mínimo cinco años de duración de aquel, ninguna de las partes hubiese notificado a la otra, al menos con un mes de antelación a aquella fecha, su voluntad de no renovarlo, el contrato se prorrogará obligatoriamente por plazos anuales hasta un máximo de tres más, salvo que el arrendatario manifieste al arrendador con un mes de antelación a la fecha de terminación de cualquiera de las anualidades, su voluntad de no renovar el contrato.

Al contrato prorrogado le seguirá siendo de aplicación el régimen legal y convencional al que estuviera sometido.

Artículo 11. *Desistimiento del contrato.*

En arrendamientos de duración pactada superior a cinco años, podrá el arrendatario desistir del contrato siempre que el mismo hubiere durado al menos cinco años y dé el correspondiente preaviso al arrendador con una antelación mínima de dos meses.

Las partes podrán pactar en el contrato que para el caso de desistimiento deba el arrendatario indemnizar al arrendador con una cantidad equivalente a una mensualidad de la renta en vigor por cada año del contrato que reste por cumplir. Los periodos de tiempo inferiores al año darán lugar a la parte proporcional de la indemnización.

Artículo 12. *Desestimiento y vencimiento en caso de matrimonio o convivencia del arrendatario.*

1. Si el arrendatario manifestase su voluntad de no renovar el contrato o de desistir de él, sin el consentimiento del cónyu-

ge que conviviera con dicho arrendatario, podrá el arrendamiento continuar en beneficio de dicho cónyuge.

2. A estos efectos, podrá el arrendador requerir al cónyuge del arrendatario para que manifieste su voluntad al respecto.

Efectuado el requerimiento, el arrendamiento se extinguirá si el cónyuge no contesta en un plazo de quince días a partir de aquel. El cónyuge deberá abonar la renta correspondiente hasta la extinción del contrato, si la misma no estuviera ya abonada.

3. Si el arrendatario abandonara la vivienda sin manifestación expresa de desistimiento o de no renovación, el arrendamiento podrá continuar en beneficio del cónyuge que conviviera con aquel siempre que en el plazo de un mes de dicho abandono, el arrendador reciba notificación escrita del cónyuge manifestando su voluntad de ser arrendatario.

Si el contrato se extinguiera por falta de notificación, el cónyuge quedará obligado al pago de la renta correspondiente a dicho mes.

4. Lo dispuesto en los apartados anteriores será también de aplicación en favor de la persona que hubiera venido conviviendo con el arrendatario de forma permanente en análoga relación de afectividad a la de cónyuge, con independencia de su orientación sexual, durante, al menos, los dos años anteriores al desistimiento o abandono, salvo que hubieran tenido descendencia en común, en cuyo caso bastará la mera convivencia.

Artículo 13. *Resolución del derecho del arrendador.*

1. Si durante los cinco primeros años de duración del contrato el derecho del arrendador quedara resuelto por el ejercicio de un retracto convencional, la apertura de una sustitución fideicomisaria, la enajenación forzosa derivada de una ejecu-

ción hipotecaria o de sentencia judicial o de un derecho de opción de compra, el arrendatario tendrá derecho, en todo caso, a continuar en el arrendamiento hasta que se cumplan cinco años, sin perjuicio de la facultad de no renovación prevista en el artículo 9.1.

En contratos de duración pactada superior a cinco años si, transcurridos los cinco primeros años del mismo, el derecho del arrendador quedara resuelto por cualquiera de las circunstancias mencionadas en el párrafo anterior, quedará extinguido el arrendamiento. Se exceptúa el supuesto en que el contrato de arrendamiento haya accedido al Registro de la Propiedad con anterioridad a los derechos determinantes de la resolución del derecho del arrendador. En este caso, continuará el arrendamiento por la duración pactada.

2. Los arrendamientos otorgados por usufructuario, superficiario y cuantos tengan un análogo derecho de goce sobre el inmueble, se extinguirán al término del derecho del arrendador, además de por las demás causas de extinción que resulten de lo dispuesto en la presente ley.

3. Durarán cinco años los arrendamientos de vivienda ajena que el arrendatario haya concertado de buena fe con la persona que aparezca como propietario de la finca en el Registro de la Propiedad, o que parezca serlo en virtud de un estado de cosas cuya creación sea imputable al verdadero propietario, sin perjuicio de la facultad de no renovación a que se refiere el artículo 9.1.

Artículo 14. *Enajenación de la vivienda arrendada.*

El adquirente de una vivienda arrendada quedará subrogado en los derechos y obligaciones del arrendador durante los cinco primeros años de vigencia del contrato, aun cuando concurran en él los requisitos del artículo 34 de la Ley Hipotecaria.

Si la duración pactada fuera superior a cinco años, el adquirente quedará subrogado por la totalidad de la duración pactada, salvo que concurran en él los requisitos del artículo 34 de la Ley Hipotecaria. En este caso, el adquirente sólo deberá soportar el arrendamiento durante el tiempo que reste para el transcurso del plazo de cinco años, debiendo el enajenante indemnizar al arrendatario con una cantidad equivalente a una mensualidad de la renta en vigor por cada año del contrato que excediendo del plazo citado de cinco años reste por cumplir.

Cuando las partes hayan estipulado que la enajenación de la vivienda extinguirá el arrendamiento, el adquirente sólo deberá soportar el arrendamiento durante el tiempo que reste para el transcurso del plazo de cinco años.

Artículo 15. *Separación, divorcio o nulidad del matrimonio del arrendatario.*

1. En los casos de nulidad del matrimonio, separación judicial o divorcio del arrendatario, el cónyuge no arrendatario podrá continuar en el uso de la vivienda arrendada cuando le sea atribuida de acuerdo con lo dispuesto en los artículos 90 y 96 del Código civil.
2. La voluntad del cónyuge de continuar en el uso de la vivienda deberá ser comunicada al arrendador en el plazo de dos meses desde que fue notificada la resolución judicial correspondiente, acompañando copia de dicha resolución judicial o de la parte de la misma que afecte al uso de la vivienda.

Artículo 16. *Muerte del arrendatario.*

1. En caso de muerte del arrendatario, podrán subrogarse en el contrato:

a) El cónyuge del arrendatario que al tiempo del fallecimiento conviviera con él.

b) La persona que hubiera venido conviviendo con el arrendatario de forma permanente en análoga relación de afectividad a la de cónyuge, con independencia de su orientación sexual, durante al menos los dos años anteriores al tiempo del fallecimiento, salvo que hubieran tenido descendencia en común, en cuyo caso bastará la mera convivencia.

c) Los descendientes del arrendatario que en el momento de su fallecimiento estuvieran sujetos a patria potestad o tutela, o hubiesen convivido habitualmente con él durante los dos años precedentes.

d) Los ascendientes del arrendatario que hubieran convivido habitualmente con él durante los dos años precedentes a su fallecimiento.

e) Los hermanos del arrendatario en quienes concurra la circunstancia prevista en la letra anterior.

f) Las personas distintas de las mencionadas en las letras anteriores que sufran una minusvalía igual o superior al sesenta y cinco por ciento, siempre que tengan una relación de parentesco hasta el tercer grado colateral con el arrendatario y hayan convivido con él durante los dos años anteriores al fallecimiento.

Si al tiempo del fallecimiento del arrendatario no existiera ninguna de estas personas, el arrendamiento quedará extinguido.

2. Si existiesen varias de las personas mencionadas, a falta de acuerdo unánime sobre quién de ellos será el beneficiario de la subrogación, regirá el orden de prelación establecido en el apartado anterior, salvo en que los padres serán preferidos a los descendientes. Entre los descendientes y entre los ascendientes, tendrá preferencia el más próximo en grado, y

entre los hermanos, el de doble vínculo sobre el medio hermano.

Los casos de igualdad se resolverán en favor de quien tuviera una minusvalía igual o superior al sesenta y cinco por ciento; en defecto de esta situación, de quien tuviera mayores cargas familiares y, en última instancia, en favor del descendiente de menor edad, el ascendiente de mayor edad o el hermano más joven.

3. El arrendamiento se extinguirá si en el plazo de tres meses desde la muerte del arrendatario el arrendador no recibe notificación por escrito del hecho del fallecimiento, con certificado registral de defunción, y de la identidad del subrogado, indicando su parentesco con el fallecido y ofreciendo, en su caso, un principio de prueba de que cumple los requisitos legales para subrogarse. Si la extinción se produce, todos los que pudieran suceder al arrendatario, salvo los que renuncien a su opción notificándolo por escrito al arrendador en el plazo del mes siguiente al fallecimiento, quedarán solidariamente obligados al pago de la renta de dichos tres meses.

Si el arrendador recibiera en tiempo y forma varias notificaciones cuyos remitentes sostengan su condición de beneficiarios de la subrogación, podrá el arrendador considerarles deudores solidarios de las obligaciones propias del arrendatario, mientras mantengan su pretensión de subrogarse.

4. En arrendamientos cuya duración inicial sea superior a cinco años, las partes podrán pactar que no haya derecho de subrogación en caso de fallecimiento del arrendatario, cuando este tenga lugar transcurridos los cinco primeros años de duración del arrendamiento, o que el arrendamiento se extinga a los cinco años cuando el fallecimiento se hubiera producido con anterioridad.

CAPÍTULO VII

DERECHOS Y OBLIGACIONES DE LAS PARTES

∎

U na consecuencia de cualquier contrato es la existencia, para todas y cada una de las partes que intervienen, de determinados derechos y de ciertas obligaciones. En el presente capítulo vamos a estudiar cuáles son, en concreto, los derechos y las obligaciones del arrendador y del arrendatario de un contrato de arrendamiento de vivienda.

La LAU denomina su capítulo cuarto, precisamente, «De los derechos y las obligaciones de las partes», pero es importante señalar que, además de los que se mencionan ahí, existen otros derechos y otras obligaciones.

A continuación se especifican cuáles son las obligaciones más importantes que cada una de las partes asume al firmar un contrato de arrendamiento de vivienda, teniendo en cuenta que el arrendador y arrendatario gozan de cierta libertad para establecer pactos contractuales que se traduzcan en la asunción de determinadas obligaciones.

Conviene indicar que, habitualmente, a cada obligación de una parte le corresponde un derecho de la contraparte, por ejemplo, a la obligación del arrendatario de pagar la renta corresponde el derecho del arrendador de exigir su pago.

El artículo 27 de la LAU establece que el incumplimiento por cualquiera de las partes de las obligaciones que le correspondan, dará derecho a la otra parte —si a su vez ha cumplido las suyas— a exigir el cumplimiento de la obligación o a resolver el contrato.

Veamos cuáles son, en primer lugar, las obligaciones más importantes del arrendatario y a continuación cuáles son las del arrendador.

Obligaciones del arrendatario y derechos del arrendador

1.º El arrendatario tiene, como obligación principal, la de pagar la renta, así como cualesquiera otras cantidades que haya asumido (por ejemplo, por realización por el arrendador de obras de mejora) o que le correspondan legalmente, lo que conlleva, lógicamente, el derecho del arrendador a exigir su pago en el lugar, en el momento y en la forma estipuladas.

   Si nada convienen al respecto las partes, la ley previene que el pago de la renta sea mensual, en metálico, se efectúe en los siete primeros días del mes y en la vivienda arrendada. Si el pago se hace en metálico, el arrendador queda obligado a entregar al arrendatario recibo del pago.

2.º El arrendatario tiene la obligación de pagar el importe de la fianza (equivalente a una mensualidad de renta) y el arrendador a exigir que le sea entregado este.

   Si el arrendatario hubiese hecho entrega al arrendador del importe correspondiente a la fianza, pero el arrendador no hubiese procedido a depositar su importe en el organismo correspondiente (a lo cual está, por su parte, obligado) se arriesga a ser sancionado.

3.° El arrendatario está obligado a solicitar consentimiento al arrendador si desea subarrendar o ceder la vivienda arrendada. El subarriendo o la cesión inconsentidos son causa de resolución del contrato, según analizaremos en el correspondiente capítulo.

4.° El arrendatario está obligado a devolver, a la expiración del plazo contractual, la vivienda en el mismo estado en que fue entregada (excepto el normal deterioro y las obras que se hayan podido realizar en aquella), el arrendatario no puede causar desperfectos en la finca. El arrendador podría formular la correspondiente denuncia contra el arrendatario que hubiese actuado de esta forma.

Según afirman los analistas más prestigiosos, debe entenderse que la obligación se extiende a los daños causados tanto por el cónyuge, por los hijos, o por las personas que de aquel dependieren (por ejemplo, el servicio doméstico).

Normalmente, al extinguirse el contrato, arrendador y arrendatario se reúnen en la vivienda y tras comprobarse que en la misma no se ha causado menoscabo alguno, el arrendatario devuelve las llaves y recupera el importe de la fianza en su día constituida.

Si el arrendador demora más de un mes, a contar desde la entrega de las llaves, la devolución de la fianza, el arrendatario tiene derecho a exigir el pago de dicho importe incrementado con el interés legal.

5.° El arrendatario está obligado a no efectuar obras hasta obtener el consentimiento del arrendador, cuando este sea necesario.

6.° El arrendatario está obligado a destinar la finca al uso para el que fue arrendada. Es decir, por una parte, estará obligado al «uso», ya que la finca arrendada ha de servir para satisfacer la necesidad permanente de vivienda del arrendatario o su familia, por lo que su «no uso» significaría un incumplimiento de dicha obligación mientras que, por otra parte, no podrá dedicar la finca que se le haya arrendado para ser utilizada como vivienda a usos comerciales.

7.° El arrendatario está obligado a poner en conocimiento del arrendador cualquier usurpación o novedad dañosa que otro realice o prepare en la vivienda arrendada.

Por ejemplo, si el arrendatario observa que un tercero pretende derruir una finca contigua sin las debidas precauciones, de tal manera que se pueda dañar la vivienda que ocupa, está obligado urgentemente a ponerlo en conocimiento del arrendador.

8.° El arrendatario está obligado a notificar al arrendador la necesidad de las reparaciones de carácter necesario que deben ser llevadas a cabo en la vivienda.

Asimismo, está obligado a soportar las obras necesarias si, por su carácter, la realización de estas no pueda diferirse hasta la conclusión del arrendamiento.

No es óbice a dicha obligación que las obras le causen graves molestias al arrendatario o, incluso, que por su realización se vea privado de una parte de la vivienda. No obstante, si las obras durasen más de veinte días, la renta se disminuirá en proporción a la parte de la vivienda de la que se vea privado.

9.° El arrendatario está obligado a soportar la realización, por el arrendador, de las obras de mejora cuya ejecución no pueda posponerse hasta la conclusión del contrato.

El arrendador queda obligado a notificar por escrito al arrendatario (con una antelación mínima de tres meses) la necesidad de dichas obras de mejora, su naturaleza, coste previsible y fechas de inicio y finalización aproximadas.

Durante el plazo de un mes desde dicha notificación, el arrendatario podrá comunicar que en dos meses (tiempo durante el cual no podrán iniciarse las obras) opta por desistir del contrato, sin indemnización de clase alguna para el arrendador. Si, por el contrario, el arrendatario opta por soportar las obras, el arrendador está obligado a reducir la renta en proporción a la parte de la vivienda de la que se vea privado el arrendatario por causa de las obras, así como a indemnizarle los gastos que las obras le obliguen a efectuar (por ejemplo, si las obras afectan a la cocina, deberá abonar los gastos razonables correspondientes a las comidas que el arrendatario haya de efectuar fuera del domicilio).

El contenido de la notificación debería ser como sigue:

Por la presente le notifico que hacia el próximo día ... [como mínimo, tres meses de antelación] se iniciarán, en el edificio sito en ..., cuyo piso ... ocupa usted como arrendatario, las obras consistentes en ...

Según he sido informado, dichas obras tendrán una duración aproximada de ... días, por lo que está previsto que finalicen hacia el día ..., siendo su coste presupuestado de ... €.

Toda vez que dichas obras pueden afectar de forma relevante a la vivienda a usted arrendada, pongo en su conocimiento el derecho que le asiste de, en el plazo de un mes, desistir del contrato de arrendamiento o, por el contrario, soportar las obras y obtener una reducción del ... % en la renta que viene abonando, así como la satisfacción de los gastos que las mencionadas obras le obliguen a realizar.

Obligaciones del arrendador y derechos del arrendatario

1.° El arrendador está obligado a entregar al arrendatario la finca en condiciones que la hagan apta para satisfacer la necesidad permanente de vivienda del arrendatario o su familia. Ello no es contrario a que, en algunas ocasiones, la vivienda se entregue con determinados desperfectos (por ejemplo, respecto a una instalación de agua muy deteriorada) si estos son conocidos y aceptados por el arrendador, siendo recomendable que se haga constar así en el redactado del contrato, según se deduce de la sentencia del Tribunal Supremo de 4 de abril de 1990.

Un indicio de que la vivienda puede servir para su finalidad es la existencia de la cédula de habitabilidad, creada en el año 1940 y sobre la cual, las comunidades autónomas con competencia sobre esta materia (por ejemplo, el principado de Asturias, Cataluña, Galicia, Canarias, etc.) han dictado sus propias normas.

De esta obligación se deriva otra, que es la de realizar, sin derecho a elevar la renta, todas las reparaciones que sean necesarias para mantener la vivienda en condiciones de habitabilidad para servir al uso convenido, excepto, por supuesto, si el deterioro de cuya reparación se trate hubiese sido causado por el arrendatario.

2.° El arrendador está obligado a depositar, en el tiempo y en la forma que se establezca, el importe de la fianza en el organismo competente, incurriendo en responsabilidades administrativas en el supuesto de incumplimiento.

El arrendatario no incurre en responsabilidad alguna en el supuesto de que el arrendador no dé a la fianza el destino legalmente establecido, según se detalla en el capítulo dedicado a esta materia.

3.° El arrendador está obligado a efectuar las obras necesarias para conservar la finca en estado de servir para el uso a que se destine, con independencia de la causa motivadora de las reparaciones; excepto, por supuesto, que se trate de desperfectos causados de propósito por el arrendatario (criterio lógico y que es ratificado por la sentencia del Tribunal Supremo del 28 de abril de 1965). La necesidad de la realización de tales obras tendrán que haber sido advertidas por el arrendatario.

De diversas sentencias dictadas sobre esta materia, podemos citar como ejemplos de lo que hay que entender por «obras necesarias», las siguientes: la reparación del ascensor, la de los servicios de agua caliente y calefacción, la del techo de la vivienda, etc.

4.° El arrendador está obligado a mantener al arrendatario en el goce pacífico del arrendamiento por todo el tiempo del contrato, lo que implica no sólo que están prohibidos los actos que sean abiertamente contrarios al uso de la vivienda por parte del arrendatario, sino también todos aquellos que le causen incomodidad o entorpecen o dificultan el arrendamiento. Por ejemplo, si el propietario de dos pisos contiguos arrendara uno de ellos para que en él se llevara a cabo un negocio ilícito, el arrendatario del otro podría alegar que el arrendador está incumpliendo con la obligación.

5.° El arrendador está obligado a permitir, en los supuestos de nulidad del matrimonio del arrendatario o de separación o divorcio, el uso de la vivienda arrendada del cónyuge no arrendatario al que se le hubiese atribuido este mediante resolución judicial.

Analizaremos esta obligación en el capítulo correspondiente a la duración del contrato de arrendamiento.

6.° El arrendador está obligado a permitir, a la muerte del arrendatario, la subrogación en el contrato de las personas que relaciona el artículo 16 de la LAU. Estas personas son, por orden de preferencia: el cónyuge o aquella persona que hubiera venido conviviendo con el arrendatario de forma permanente en análoga relación de afectividad a la de cónyuge, los descendientes del arrendatario, los ascendientes del arrendatario, los hermanos del arrendatario o, por último, otros parientes con minusvalía no inferior al 65 %.

La subrogación es objeto de un estudio detallado en un capítulo de este libro, por lo que, por ahora, no vamos a profundizar más sobre el particular.

7.° El arrendador está obligado a que el arrendatario suspenda el contrato o desista del mismo, si se llevan a cabo en la vivienda arrendada obras de conservación o mejora acordadas por una autoridad competente, que la hagan inhabitable.

La suspensión del contrato supondrá, hasta que finalicen las obras, la paralización del plazo del contrato y la suspensión de la obligación del pago de la renta.

La posibilidad de desistir del contrato no conllevará indemnización de clase alguna para el arrendador.

8.° El arrendador está obligado a que el arrendatario pueda realizar en la vivienda, previa notificación escrita, las obras que sean necesarias para adecuar esta a su condición de minusválido o a la de su cónyuge o de la persona con quien conviva de forma permanente en análoga relación de afectividad, con independencia de su orientación sexual, o a la de los familiares que convivan con él.

El arrendatario podrá, por su parte, exigir que la vivienda sea repuesta a su estado anterior, al término del contrato.

La minusvalía puede padecerse al celebrarse el contrato o aparecer con posterioridad, siendo igualmente de aplicación este precepto en uno u otro supuesto.

El contenido de dicha notificación debería ser como sigue:

Por la presente le notifico, de acuerdo con lo que dispone el artículo 24 de la vigente Ley de Arrendamientos Urbanos, que, por mi condición de minusválido (que acredito mediante los documentos que acompaño), me veo en la necesidad de realizar en el piso ... que ocupo como arrendatario, las obras consistentes en ...

Asimismo me comprometo, si usted así me lo exigiera, a reponer, al término del contrato de arrendamiento, la vivienda a su estado anterior.

9.º El arrendador está obligado a notificar fehacientemente (mediante notario o por cualquier otro medio que acredite su recepción) la decisión de vender la finca arrendada, el precio y las demás condiciones esenciales de la transmisión. En los treinta días naturales siguientes a la recepción el arrendatario podrá ejercer un derecho de adquisición sobre la vivienda que se conoce como «derecho de tanteo».

Un ejemplo de notificación de este tipo es el siguiente:

Por la presente le comunico, a los efectos de lo que dispone el artículo 25.2 de la Ley de Arrendamientos Urbanos, que en fecha ... tengo prevista la venta, por ... € pagaderas al contado y en efectivo, la vivienda sita en ... que usted ocupa en virtud del contrato de arrendamiento suscrito en fecha ...

Goza usted de un plazo de treinta días naturales para ejercer el derecho de tanteo que la ley le otorga.

Cuando no se hubiese hecho la notificación referida o esta fuese defectuosa o si resultase inferior el precio de la compra-

venta o menos onerosas sus restantes condiciones, el arrendatario podrá ejercer el que se denomina «derecho de retracto»,
que caducará a los treinta días naturales contados desde el
siguiente a la notificación que en forma fehaciente deberá hacer
el adquirente al arrendatario de las condiciones esenciales de la
compraventa.

El ejercicio del derecho de retracto implica para el arrendatario haber de pagar al comprador de la vivienda el precio
que hubiese satisfecho, los gastos del contrato, los gastos legítimos hechos para la venta y los gastos necesarios y útiles hechos
en la cosa vendida.

Es importante señalar que dichos derechos de tanteo y
retracto no existirán cuando la vivienda arrendada se venda
conjuntamente con las restantes viviendas o locales de la misma finca. Se trata de unos derechos a los cuales el arrendatario
puede renunciar sólo si el contrato se suscribe por una duración superior a cinco años.

VOCABULARIO DE TÉRMINOS JURÍDICOS

Derecho de tanteo: Derecho del arrendatario a adqui-
rir (por igual precio y condiciones) durante el plazo comprendido entre los treinta y los ciento ochenta días naturales siguientes a la notificación, la vivienda que esté
ocupando. Este derecho no existirá cuando la vivienda
arrendada se venda conjuntamente con las restantes
viviendas o locales de la misma finca. El arrendatario puede renunciar al mismo sólo si el contrato se suscribe por
una duración superior a cinco años.

Derecho de retracto: Derecho del arrendatario a resolver la venta de la vivienda que ocupa, cuando no se le hubiese notificado el proyecto de esta o la notificación fuese defectuosa, el precio de la compraventa resultase inferior o menos onerosas sus restantes condiciones. Este derecho no existirá cuando la vivienda arrendada se venda conjuntamente con las restantes viviendas o locales de la misma finca. El arrendatario puede renunciar al mismo sólo si el contrato se suscribe por una duración superior a cinco años.

Apéndice normativo

Artículos 21, 22, 23, 24 y 25 de la Ley de Arrendamientos Urbanos

CAPITULO IV
De los derechos y obligaciones de las partes

Artículo 21. *Conservación de la vivienda.*

1. El arrendador está obligado a realizar, sin derecho a elevar por ello la renta, todas las reparaciones que sean necesarias para conservar la vivienda en las condiciones de habitabilidad para servir al uso convenido, salvo cuando el deterioro de cuya reparación se trate sea imputable al arrendatario a tenor de lo dispuesto en los artículo 1.563 y 1.564 del Código civil.
2. Cuando la ejecución de una obra de conservación no pueda razonablemente diferirse hasta la conclusión del arrenda-

miento, el arrendatario estará obligado a soportarla, aunque le sea muy molesta o durante ella se vea privado de una parte de la vivienda.

Si la obra durase más de veinte días, habrá que disminuirse la renta en proporción a la parte de la vivienda de la que el arrendatario se vea privado.

3. El arrendatario deberá poner en conocimiento del arrendador, en el plazo más breve posible, la necesidad de las reparaciones que contempla el apartado 1 de este artículo, a cuyos solos efectos deberá el arrendador la verificación directa, por sí mismo o por los técnicos que designe, del estado de la vivienda. En todo momento, y previa comunicación al arrendador, podrá realizar las que sean urgentes para evitar un daño inminente o una incomodidad grave, y exigir de inmediato su importe al arrendador.

4. Las pequeñas reparaciones que exija el desgaste por el uso ordinario de la vivienda serán de cargo del arrendatario.

Artículo 22. *Obras de mejora.*

1. El arrendatario está obligado a soportar la realización por el arrendador de obras de mejora cuya ejecución no pueda razonablemente diferirse hasta la conclusión del arrendamiento.

2. El arrendador que se proponga realizar una de tales obras deberá notificar por escrito al arrendatario, al menos con tres meses de antelación, su naturaleza, comienzo, duración y coste previsible. Durante el plazo de un mes desde dicha notificación, el arrendatario podrá desistir del contrato, salvo que las obras no afecten o afecten de modo irrelevante a la vivienda arrendada. El arrendamiento se extinguirá en el plazo de dos meses a contar desde el desistimiento, durante los cuales no podrán comenzar las obras.

3. El arrendatario que opte por soportar las obras tendrá derecho a una reducción de la renta en proporción a la parte de la vivienda de la que se vea privado el arrendatario por causa de aquellas, así como a la indemnización de los gastos que las obras le obliguen a efectuar.

Artículo 23. *Obras del arrendatario.*

1. El arrendatario no podrá realizar sin el consentimiento del arrendador, expresado por escrito, obras que modifiquen la configuración de la vivienda o de los accesorios a que se refiere el apartado 2, del artículo 2, o que provoquen una disminución en la estabilidad o seguridad de la misma.
2. Sin perjuicio de la facultad de resolver el contrato, el arrendador que no haya autorizado la realización de las obras, podrá exigir, al concluir el contrato, que el arrendatario reponga las cosas al estado anterior o conservar la modificación efectuada, sin que este pueda reclamar indemnización alguna.

   Si las obras han provocado una disminución de la estabilidad de la edificación o de la seguridad de la vivienda o sus accesorios, el arrendador podrá exigir de inmediato al arrendatario la reposición de las cosas al estado anterior.

Artículo 24. *Arrendatarios con minusvalía.*

1. El arrendatario, previa notificación escrita al arrendador, podrá realizar en la vivienda las obras que sean necesarias para adecuar esta a su condición de minusválido o a la de su cónyuge o de la persona con quien conviva de forma permanente en análoga relación de afectividad, con independencia de su orientación sexual, o a la de los familiares que con él convivan.

2. El arrendatario estará obligado al término del contrato a reponer la vivienda al estado anterior si así lo exige el arrendatario.

Artículo 25. *Derecho de adquisición preferente.*

1. En caso de venta de la vivienda arrendada, tendrá el arrendatario derecho de adquisición preferente sobre la misma, en las condiciones previstas en los apartados siguientes.
2. El arrendatario podrá ejercitar un derecho de tanteo sobre la finca arrendada en un plazo de treinta días naturales a contar desde el siguiente en que se le notifique en forma fehaciente la decisión de vender la finca arrendada, el precio y las demás condiciones esenciales de la transmisión.

   Los efectos de la transmisión prevenida en el párrafo anterior caducarán a los ciento ochenta días naturales siguientes a la misma.
3. En el caso a que se refiere el apartado anterior podrá el arrendatario ejecutar el derecho de retracto con sujeción a lo dispuesto en el artículo 1.518 del Código civil, cuando no se le hubiese hecho la notificación prevenida o se hubiese omitido en ella cualquiera de los requisitos exigidos, así como cuando resultase inferior el precio efectivo de la compraventa o menos onerosas sus restantes condiciones esenciales. El derecho de retracto caducará a los treinta días naturales contados desde el siguiente a la notificación que en forma fehaciente deberá hacer el adquirente al arrendatario de las condiciones esenciales en que se efectuó la compraventa mediante entrega de la copia de la escritura o documento en que fuere formalizada.
4. El derecho de tanteo o retracto del arrendatario tendrá preferencia sobre cualquier otro derecho similar, excepto el retracto reconocido al condueño de la vivienda o el con-

vencional que figurase inscrito en el Registro de la Propiedad al tiempo de celebrarse el contrato de arrendamiento.

5. Para inscribir en el Registro de la Propiedad los títulos de venta de viviendas arrendadas deberá justificarse que han tenido lugar, en sus respectivos casos, las notificaciones prevenidas en los apartados anteriores, con los requisitos en ellos exigidos. Cuando la vivienda vendida no estuviese arrendada, para que sea inscribible la adquisición, deberá el vendedor declararlo así en la escritura, bajo la pena de falsedad en documento público.

6. Cuando la venta recaiga, además de sobre la vivienda arrendada, sobre los demás objetos alquilados como accesorios de la vivienda por el mismo arrendador a que se refiere el artículo 3, no podrá el arrendatario ejercitar los derechos de adquisición preferente sólo sobre la vivienda.

7. No habrá lugar a los derechos de tanteo y retracto cuando la vivienda arrendada se venda conjuntamente con las restantes viviendas o locales propiedad del arrendador que formen parte de un mismo inmueble, ni tampoco cuando se vendan de forma conjunta por distintos propietarios a un mismo comprador la totalidad de los pisos y locales del inmueble.

8. El pacto por el cual el arrendatario renuncia a los derechos de tanteo y retracto será válido en contratos de duración superior a cinco años.

CAPÍTULO VIII

LA RENTA

■

E n el presente capítulo centraremos nuestro interés en la «renta», es decir, el «precio» del arrendamiento.

Como muy fácilmente se entiende, la renta es uno de los aspectos contractuales más importantes, ya que sin renta no puede hablarse de arrendamiento. Téngase en cuenta que si nos encontrásemos ante una cesión de un bien por tiempo determinado pero sin pago de precio, estaríamos ante un tipo de préstamo conocido como comodato, contrato que se regula en el Código civil.

La ley no impone, en cuanto al importe de la renta, ni un máximo ni un mínimo, dejando que sean las partes que vayan a contratar quienes establezcan la que les parezca adecuada.

Asimismo, el arrendador y el arrendatario gozan de plena libertad para estipular cuándo, cómo y dónde será satisfecho el importe de la renta. No obstante, si nada convienen al respecto se previene que su pago sea mensual y en metálico y se hará efectivo en los siete primeros días del mes y en la vivienda arrendada. Con carácter imperativo señala la ley que el arrendador no puede exigir el pago anticipado de más de una mensualidad de renta.

El pago se puede efectuar en metálico o por cualquier otra forma, siendo la más habitual la transferencia bancaria. Si se hace en metálico, el arrendador queda obligado a entregar al arrendatario recibo del pago. En cualquier caso, el recibo o documento acreditativo que lo sustituya deberá contener separadamente las cantidades abonadas por los distintos conceptos de los que se componga la totalidad del pago, y específicamente, la renta en vigor. Como protección del arrendatario, la ley dispone que si el arrendador no hace entrega del recibo, serán de su cuenta todos los gastos que se originen al arrendatario para dejar constancia del pago.

Actualización de la renta

Del tenor literal de la ley se desprende que no es obligatorio que se pacte la actualización de la renta («podrá ser actualizada» dice el articulo 18 de la LAU), pese a que lo habitual es que arrendador y arrendatario convergan la adecuación de la renta a las variaciones experimentadas por el coste de la vida. Lo que sí establece la ley con carácter imperativo es que si alguna fórmula de actualización se pacta, esta sea para los cinco primeros años de duración del contrato, la de la variación porcentual experimentada por el IPC a escala nacional, en un periodo de 12 meses imediatamente anterior a cada adecuación.

Las actualizaciones se harán siempre sobre la «renta acumulada». Así, por ejemplo, un contrato celebrado a 30 de abril de 1996 se actualizará, según el IPC nacional, cada día 30 de abril de los años 1997, 1998, 1999 y 2000. Si la renta pactada fue de 601,1 € y el IPC a aplicar fuera (cada año) del 3 %, la renta resultante sería de 619,04 € el primer año, de 637,61 € el segundo (puesto que el 3 % se aplicaría sobre 619,04 €), de 656,74 € el tercero, etc.

A partir del sexto año de duración del contrato la actualización de la renta se regirá por lo que acuerden las partes (las cuales, por tanto, pueden establecer que no se actualizará o, al contrario, que se actualizará cada seis meses o cada dos años) y si nada pactan al respecto, por lo que hayan pactado las partes para los primeros cinco años.

La renta actualizada será exigible al arrendatario a partir del mes siguiente a aquel en que la parte interesada lo notifique a la otra parte por escrito, expresando el porcentaje de alteración aplicado y acompañando, si el arrendatario lo exigiera, la oportuna certificación del Instituto Nacional de Estadística, o haciendo referencia al BOE en que se haya publicado.

El contenido de la notificación para la actualización de la renta que el arrendador debería enviar sería el siguiente:

Me dirijo a usted en su condición de arrendatario de la vivienda sita en ..., según contrato que otorgué a su favor en fecha ...

Mediante la presente le notifico que la renta que viene usted satisfaciendo en relación con el contrato referenciado será incrementada, a partir de la próxima mensualidad, en un ... %, por ser esta la variación experimentada por el IPC en los doce meses inmediatamente precedentes al último índice publicado al cumplirse la anualidad de la vigencia del mencionado contrato, dato que justifico mediante la certificación publicada, por el Instituto Nacional de Estadística.

En consecuencia, siendo la renta que Ud. venía satisfaciendo de ... € y el porcentaje de incremento a aplicar del ... %, la renta resultante será de ... €.

Elevación de la renta por mejoras

Transcurridos cinco años de duración del contrato, la renta que el arrendatario está obligado a satisfacer puede ser elevada por el arrendador si este efectúa en la vivienda las denominadas «obras de mejora». Se trata esta de una norma cuya aplicación las partes pueden excluir, es decir, respecto a la que cabe «pacto en contrario», en el sentido que la realización de tales obras no dará derecho al arrendador a modificar la renta.

La cuantía de esta elevación será la que resulte de aplicar al capital invertido en la mejora (deducidas, en su caso, las subvenciones públicas obtenidas al efecto) el tipo de interés legal del dinero en el momento de la terminación de las obras incrementado en tres puntos, estableciendo la ley una limitación en el importe de dicho incremento, el cual no puede ser superior al 20 % de la renta vigente en aquel momento.

Si la mejora afecta a varias fincas de un edificio en régimen de propiedad horizontal, el arrendador deberá repartir proporcionalmente entre todas ellas el capital invertido, aplicando, a tal efecto, las cuotas de participación que correspondan a cada una de aquellas.

En caso contrario, es decir, si el edificio no se encuentra en régimen de propiedad horizontal, el capital invertido se repartirá proporcionalmente entre las fincas afectadas por acuerdo entre arrendador y arrendatario o, de no llegarse a este, proporcionalmente a la superficie arrendada.

Para poder elevar la renta, las obras deberán estar finalizadas por completo y el arrendador habrá de notificar por escrito dirigido al arrendatario la cuantía de aquellas, detallando, asimismo, los cálculos que conducen a su determinación y aportando copias de los documentos de los que resulte el coste de las obras realizadas.

El cuerpo del escrito mediante el cual el arrendador se dirige al arrendatario y le pone en conocimiento el incremento de la renta por realización de una obra de mejora tiene que ser como sigue:

Me dirijo a usted en su condición de arrendatario del piso sito en ..., según contrato que otorgué a su favor en fecha ...

Mediante la presente le notifico, al amparo de lo que dispone el artículo 19 de la vigente Ley de Arrendamientos Urbanos que la renta que viene usted satisfaciendo se verá incrementada, a partir de la próxima mensualidad, en ... €, por aplicación de un porcentaje del interés legal del dinero más 3 puntos sobre el capital invertido en las obras de mejora, finalizadas el pasado día ..., consistentes en la instalación de ... y cuya justificación documental me complace adjuntarle.

En consecuencia, siendo la renta que usted venía satisfaciendo de ... € y el porcentaje de incremento a aplicar del ... %, la renta resultante será de ... €.

Ejemplos de obras de mejora serían la instalación de un portero automático o de un ascensor, la sustitución de una cisterna común por contadores individualizados del suministro de agua o la instalación de antenas colectivas de televisión.

Gastos generales y de servicios individuales

En esta materia, la ley establece el principio de que los gastos generales para el adecuado sostenimiento del inmueble, sus servicios (como serían, por ejemplo, los de portería o los de calefacción central), tributos (el impuesto sobre bienes inmuebles, por ejemplo), cargas y responsabilidades que no sean susceptibles de individualización y que correspondan a la vivienda arrendada o a sus accesorios (un garaje, por ejemplo) sean de cargo del arrendador, pero posibilitando que las partes pacten lo contrario, es decir, que sean a cargo del arrendatario, con la excepción de los gastos por servicios con que cuente la finca arrendada que se individualicen mediante aparatos contadores que, en todo caso, serán de cuenta del arrendatario.

Para que el pacto según el cual los gastos han de ser pagados por el arrendatario sea válido, habrá de constar por escrito y determinar el importe anual de dichos gastos a la fecha del contrato.

Por lo que respecta al importe de dichos gastos, la ley dispone que se tengan en cuenta las correspondientes cuotas de participación o las superficies de cada uno de los pisos, en función de que la finca se halle o no en régimen de propiedad horizontal respectivamente.

La ley establece, como medida protectora del arrendatario, que, durante los cinco primeros años de vigencia del contrato, la suma que este haya de abonar por los gastos generales (con la excepción de los tributos) sólo se incremente anualmente y nunca en un porcentaje superior al doble de aquel en que aumente la renta de acuerdo con el IPC.

Así, por ejemplo, en el siguiente recibo de renta:

Renta . . . . 601,01 €
Gastos generales . . . . 60,10 €

Si la renta se aumenta en un 3 %, los gastos no pueden aumentarse en más de un 6 %, con independencia del incremento real que hubiesen experimentado. El nuevo recibo sería:

Renta. . . . . 619,04 €
Gastos generales . . . . 96,16 €

VOCABULARIO DE TÉRMINOS JURÍDICOS

Renta: Contraprestación (usualmente en metálico) que el arrendatario entrega al arrendador a cambio del uso de la finca arrendada; representa el precio del arrendamiento. Su impago es la causa más importante de desahucio.

Obras de mejora: Todas aquellas obras que contribuyen a la mayor comodidad de los arrendatarios.

Obras necesarias: Las obras precisas para conservar la finca en estado útil para el uso a que ha sido destinada.

Apéndice normativo

Artículos 17, 18, 19 y 20 de la Ley de Arrendamientos Urbanos

TÍTULO II
De los arrendamientos de vivienda

CAPÍTULO III
De la renta

Artículo 17. *Determinación de la renta.*

1. La renta será la que libremente estipulen las partes.

2. Salvo pacto en contrario, el pago de la renta será mensual y habrá de efectuarse en los siete primeros días del mes. En ningún caso podrá el arrendador exigir el pago anticipado de más de una mensualidad de renta.

3. El pago se efectuará en el lugar y por el procedimiento que acuerden las partes, o en su defecto, en metálico y en la vivienda arrendada.

4. El arrendador queda obligado a entregar al arrendatario recibo del pago, salvo que se hubiera pactado que este se realice mediante procedimientos que acrediten el efectivo cumplimiento de la obligación de pago por el arrendatario.

   El recibo o documento acreditativo que lo sustituya deberá contener separadamente las cantidades abonadas por los distintos conceptos de los que se componga la totalidad del pago, y específicamente la renta en vigor.

   Si el arrendador no hace entrega del recibo, serán de su cuenta todos los gastos que se originen al arrendatario para dejar constancia del pago.

Artículo 18. *Actualización de la renta.*

1. Durante los primeros cinco años de duración del contrato la renta sólo podrá ser actualizada por el arrendador o el arrendatario en la fecha en que se cumpla cada año de vigencia del contrato, aplicando a la renta correspondiente a la anualidad anterior la variación porcentual experimentada por el Índice General Nacional del Sistema de Precios de Consumo en un periodo de doce meses inmediatamente anteriores a la fecha de cada actualización, tomando como mes de referencia para la primera actualización el que corresponda al último índice que estuviera publicado en la fecha de celebración del contrato, y en las sucesivas el que corresponda al último aplicado.

2. A partir del sexto año de duración la actualización de la renta se regirá por lo estipulado al respecto por las partes y, en su defecto, por lo establecido en el apartado anterior.

3. La renta actualizada será exigible al arrendatario a partir del mes siguiente a aquel en que la parte interesada lo notifique a la otra por escrito, expresando el porcentaje aplicado y acompañando, si el arrendatario lo exigiera, la oportuna certificación del Instituto Nacional de Estadística, o haciendo referencia al Boletín Oficial en que se haya publicado.

   Será válida la notificación efectuada por nota en el recibo de la mensualidad del pago precedente.

Artículo 19. *Elevación de la renta por mejoras.*

1. La realización por el arrendador de obras de mejora, transcurridos cinco años de duración del contrato le dará derecho, salvo pacto en contrario, a elevar la renta anual en la cuantía que resulte de aplicar al capital invertido en la mejora el tipo de interés legal del dinero en el momento de la terminación de las obras incrementado en tres puntos, sin que pueda exceder el aumento del 20 % de la renta vigente en aquel momento.

   Para calcular el capital invertido, deberán descontarse las subvenciones públicas obtenidas para la obra.

2. Cuando la mejora afecte a varias fincas de un edificio de propiedad horizontal, el arrendador deberá repartir proporcionalmente entre todas el capital invertido, aplicando las cuotas de participación que correspondan a cada una de aquellas.

   En el supuesto de edificios que no se encuentren en régimen de propiedad horizontal, el capital invertido se repartirá proporcionalmente entre las fincas afectadas por acuerdo entre arrendador y arrendatarios, y si no lo hay se repartirá proporcionalmente en función de la superficie arrendada.

3. La elevación de la renta se producirá desde el mes siguiente a aquel en que, ya finalizadas las obras, el arrendador notifique por escrito al arrendatario la cuantía, detallando los cálculos y aportando copias de los documentos de los que resulte el coste de las obras realizadas.

Artículo 20. *Gastos generales y de servicios individuales.*

1. Las partes podrán pactar que los gastos generales para el adecuado sostenimiento del inmueble, sus servicios, tributos, cargas y responsabilidades que no sean susceptibles de individualización y que correspondan a la vivienda arrendada o a sus accesorios, sean a cargo del arrendatario. En edificios en régimen de propiedad horizontal tales gastos serán los que correspondan a la finca arrendada en función de su cuota de participación. En edificios que no se encuentren en este régimen, tales gastos serán los que se hayan asignado a la finca arrendada en función de su superficie.

    Este pacto deberá constar por escrito y determinar el importe anual de dichos gastos en la fecha del contrato. El pacto que se refiera a tributos no afectará a la Administración.

2. Durante los cinco primeros años de vigencia del contrato, la suma que el arrendatario haya de abonar por el concepto a que se refiere el apartado anterior, con excepción de los tributos, sólo podrá incrementarse anualmente, y nunca en un porcentaje superior al doble de aquel en que pueda incrementarse la renta conforme a lo dispuesto en el artículo 18.1.

3. Los gastos por servicios con que cuente la finca arrendada que se individualicen mediante aparatos contadores serán en todo caso de cuenta del arrendatario.

4. El pago de los gastos a que se refiere el presente artículo se acreditará en la forma prevista en el artículo 17.4.

CAPÍTULO IX

SUSPENSIÓN, RESOLUCIÓN Y EXTINCIÓN DEL CONTRATO

■

En el presente capítulo vamos a analizar, para terminar el estudio que hemos dedicado a los arrendamientos de viviendas, las causas legalmente previstas de suspensión, resolución y extinción del contrato.

Según ya vimos al tratar de los derechos y las obligaciones de las partes, la ley dispone que cuando en la vivienda arrendada hayan de ejecutarse obras de conservación o una autoridad competente (ya sea un juez o el ayuntamiento) acuerde la realización de determinadas obras, de manera que la vivienda resulte inhabitable, el arrendatario tendrá la opción de suspender el contrato o desistir del mismo, sin indemnización alguna.

Si el arrendatario opta por la suspensión del contrato, se paralizará el plazo del contrato y se suspenderá la obligación del pago de la renta hasta la finalización de las obras.

Respecto a la resolución del contrato, la ley establece que cuando una parte haya cumplido sus obligaciones y la otra parte no, la parte cumplidora tendrá derecho a:

— exigir el cumplimiento de la obligación;
— promover la resolución del contrato.

Además, la Ley de Arrendamientos Urbanos prevé determinadas causas por las cuales pueden el arrendador y el arrendatario resolver el contrato.

Las causas que puede invocar el arrendador —y que algunas de ellas ya han sido comentadas al referirnos a los derechos y obligaciones de las partes— son las siguientes:

a) La falta de pago de la renta o de cualquiera de las cantidades cuyo pago haya asumido (por pacto) o corresponda (según la ley) al arrendatario.

b) La falta de pago del importe de la fianza o de su actualización.

c) El subarriendo o la cesión inconsentidos.

d) La realización de daños causados dolosamente en la finca o de obras no consentidas por el arrendador cuando el consentimiento de este sea necesario.

e) La realización de actividades molestas, insalubres, nocivas, peligrosas o ilícitas en la vivienda arrendada.

Una «actividad molesta» es aquella que constituye una incomodidad por los ruidos, las vibraciones, los humos, los gases, los olores, etc. Por ejemplo, la audición de música a alto volumen de forma no esporádica podría ser causa de resolución del contrato por este motivo.

Por su parte, una «actividad insalubre» es aquella actividad que se revela perjudicial para la salud humana. Sería el caso de las emanaciones de olores nocivos provocados por un producto no peligroso que almacenara el arrendatario.

Una «actividad peligrosa» es aquella actividad susceptible de originar riesgos graves. La jurisprudencia ha entendido como tal, el almacenamiento en la vivienda arrendada de gasolina o de petróleo en grandes cantidades o el de fuegos de artificio.

Por último, «actividades ilícitas» son todas aquellas que conllevan una sanción penal, como por ejemplo la venta de drogas llevada a cabo en la vivienda.

f) Variar el destino de la vivienda arrendada, de forma que no sirva para satisfacer la necesidad permanente de vivienda del arrendatario o de su familia.

Por su parte, el arrendatario podrá resolver el contrato por las siguientes causas:

a) Si el arrendador no lleva a cabo las reparaciones necesarias.

b) La perturbación de hecho o de derecho que realice el arrendador en la utilización de la vivienda.

Para terminar, la ley se ocupa de fijar las causas por las que el contrato de arrendamiento se extinguirá, las cuales son (además de otras que podríamos denominar generales, como serían el acuerdo de las partes al respecto o la expiración del plazo contractual):

a) La pérdida de la finca arrendada por causa no imputable al arrendador (dentro del concepto de pérdida, algunos autores incluyen no sólo la pérdida física sino también la jurídica).

b) La declaración firme de ruina acordada por la autoridad competente.

Una vez que con el análisis de la materia precedente hemos completado ya la visión de los artículos que la LAU dedica específicamente a los arrendamientos de vivienda, vamos a proponer a continuación un modelo de contrato de arrendamiento.

MODELOS

CONTRATO DE ARRENDAMIENTO DE VIVIENDA

En ..., a ... de ... del año ...

REUNIDOS

De una parte, como arrendador/a, D./Dña. ..., mayor de edad, estado civil, vecino/a de ..., calle ..., titular del DNI ...

Y de otra parte, como arrendatario/a, D./Dña. ..., mayor de edad, estado civil, vecino/a de ..., calle ..., titular del DNI ...

Se reconocen mutuamente la capacidad legal suficiente para contratar y obligarse y, de sus libres y espontáneas voluntades,

MANIFIESTAN

I. Que D./Dña. ... es propietario/a de la siguiente vivienda:

Piso ..., del número ... de la calle ...

II. Que interesando a D./Dña. ... tomar el arriendo de la mencionada vivienda, ha acordado con D./Dña. ... celebrar un contrato de arrendamiento sobre esta, contrato que se regirá por los siguientes

PACTOS

1.° El objeto del presente contrato lo constituye la vivienda piso ..., del número ... de la calle ...

2.° El plazo por el que se celebra el presente contrato es de ... años, a contar desde el día de hoy, extinguiéndose, por tanto, el día ....

3.° Constituye la renta del presente contrato la cantidad de ... mensuales, que serán pagaderas por meses anticipados dentro de los primeros cinco días naturales por el arrendatario.

El/la arrendatario/a se compromete a pagar los gastos de Portería, que, a la fecha de hoy, ascienden a ... €.

4.° Las partes convienen que la renta total que en cada momento satisfaga el/la arrendatario/a durante la vigencia del presente contrato, se acomodará cada año a la variación porcentual experimentada por el IPC que se fije a nivel nacional, aplicando sobre aquella renta el porcentaje que represente la diferencia existente entre los dos índices que correspondan al periodo de revisión.

5.° El/la arrendador/a autoriza al/la arrendatario/a a hacer en la vivienda arrendada, objeto de este contrato, las obras siguientes ...

6.° El/la arrendatario/a se compromete a no utilizar la vivienda arrendada para desarrollar actividad comercial, profesional o docente alguna, ni a llevar a cabo actividades peligrosas, insalubres, nocivas, inmorales o molestas para los vecinos.

7.° El/la arrendatario/a se obliga a no subarrendar ni ceder la vivienda arrendada sin el consentimiento expreso y por escrito del arrendador.

8.° El/la arrendatario/a entrega en este acto al/la arrendador/a la cantidad de ... €. en concepto de fianza legal, que el/la arrendador/a se compromete a dar el destino legal.

VOCABULARIO DE TÉRMINOS JURÍDICOS

Suspensión: Opción del arrendatario a dejar sin efectos (con paralización del plazo contractual y suspensión de la obligación de pago de la renta) el contrato de arrendamiento en el supuesto de que se lleven a cabo, en la vivienda, obras de conservación o acordadas por la autoridad competente.

Resolución: Facultad de la parte que haya cumplido sus obligaciones derivadas del contrato de promover la terminación de este ante el incumplimiento de la otra parte.

Extinción: Cesación de los efectos del contrato por expiración del plazo fijado o por otras causas que se establezcan.

Apéndice normativo

Artículos 26, 27 y 28 de la Ley de Arrendamientos Urbanos

CAPITULO V
De la suspensión, resolución y extinción del contrato

Artículo 26. *Habitabilidad de la vivienda.*

Cuando la ejecución en la vivienda arrendada de obras de conservación o de obras acordadas por una autoridad competente la hagan inhabitable, tendrá el arrendatario la opción de suspender el contrato o de desistir del mismo, sin indemnización alguna.

La suspensión del contrato supondrá, hasta la finalización de las obras, la paralización del plazo del contrato y la suspensión de la obligación del pago de la renta.

Artículo 27. *Incumplimiento de obligaciones.*

1. El incumplimiento por cualquiera de las partes de las obligaciones del contrato dará derecho a la parte que hubiere cumplido las suyas a exigir el cumplimiento de la obligación o a promover la resolución del contrato de acuerdo con lo dispuesto en el artículo 1.124 del Código civil.
2. Además, el arrendador podrá resolver de pleno derecho el contrato por las siguientes causas:

   a) La falta de pago de la renta o, en su caso, de cualquiera de las cantidades cuyo pago haya asumido o corresponda al arrendatario.
   b) La falta de pago del importe de la fianza o de su actualización.

c) El subarriendo o la cesión inconsentidos.

d) La realización de daños causados dolosamente en la finca o de obras no consentidas por el arrendador cuando el consentimiento de este sea necesario.

e) Cuando en la vivienda tengan lugar actividades molestas, insalubres, nocivas, peligrosas o ilícitas.

f) Cuando la vivienda deje de estar destinada de forma primordial a satisfacer la necesidad permanente de vivienda del arrendatario o de quien efectivamente la viniera ocupando de acuerdo con lo dispuesto en el artículo 7.

3. Del mismo modo, el arrendatario podrá resolver el contrato por las siguientes causas:

a) La no realización por el arrendador de las reparaciones a que se refiere el artículo 21.

b) La perturbación de hecho o de derecho que realice el arrendador en la utilización de la vivienda.

Artículo 28. *Extinción del arrendamiento.*

El contrato de arrendamiento se extinguirá, además de por las restantes causas contempladas en el presente Título, por las siguientes:

a) Por la pérdida de la finca arrendada por causa no imputable al arrendador.

b) Por la declaración firme de ruina acordada por la autoridad competente.

CAPÍTULO X

EL ARRENDAMIENTO PARA USO DISTINTO DEL DE VIVIENDA

■

E l otro gran grupo de contratos de arrendamiento que se regulan por la vigente Ley de Arrendamientos Urbanos son los denominados «para uso distinto del de vivienda», que vienen a corresponder a los que en la anterior ley de arrendamientos se denominaban *arrendamientos de local de negocio.*

Qué son los arrendamientos para uso distinto del de vivienda

Según ya hemos dicho anteriormente, los arrendamientos para uso distinto del de vivienda son todos aquellos cuyo objeto es una edificación cuyo destino primordial no sea la de satisfacer la necesidad permanente de vivienda del propio arrendatario o de su familia.

En especial, la ley señala que tienen la consideración de arrendamientos para uso distinto del de vivienda los de segunda residencia, los de temporada, los de local de negocio y los asimilados a estos.

Régimen legal

Esta clase de arrendamientos no merecen, a juicio de la ley, una protección tan acentuada. Es decir, la práctica totalidad de su regulación se deja al libre pacto de los interesados, sin establecer medida alguna de protección para el arrendatario como ocurre con los arrendamientos de vivienda (donde, por ejemplo, ya vimos que existe un plazo mínimo de duración). Esquemáticamente, su régimen legal es el siguiente:

— Como cualquier arrendamiento sometido a la LAU, se les aplican los artículos 36 al 40, ambos inclusive, de la ley.
— En lo que no se refiere a lo dispuesto en dichos preceptos, por lo que las partes convengan.
— En su defecto, por el Título II de la LAU.
— Con carácter supletorio, por el Código civil o la legislación foral.

Hemos dicho que, como a cualquier contrato sometido a la LAU, a los arrendamientos para uso distinto del de vivienda se les aplican los artículos 36 al 40, ambos inclusive, de la ley.

El artículo 36 es el que hace relación a la obligatoria prestación de una «fianza» en metálico por parte del arrendatario. A esta materia dedicamos un capítulo entero. Tan sólo diremos aquí que, imperativamente, el importe de la fianza en esta clase de contratos ha de ser equivalente a dos mensualidades de renta. Por todo lo demás, nos remitimos al correspondiente capítulo.

El artículo 37, según ya se ha dicho, se refiere a la posible contratación verbal del arrendamiento y al derecho que, en este caso, asiste a cualquiera de los contratantes de compelir a la otra parte a la formalización por escrito del mismo.

Por su parte, los artículos del 38 al 40, ambos inclusive, tratan de los procesos arrendaticios, empezando por cuáles son los Tribunales competentes para resolver los litigios relativos a los contratos que regula la LAU (y que son, en todo caso, los de Primera Instancia del lugar donde se halle sita la finca), siguiendo por los diferentes procedimientos a seguir según cuál sea la discrepancia con la posibilidad de someter las diferencias a «arbitraje» y terminando con una norma de carácter técnico referida a la facultad de «acumular las acciones» que tienen los litigantes (es decir, el derecho que les asiste a que, en una sola demanda se ejerzan diversas reclamaciones si todas ellas tienen una cierta base común).

Según hemos dicho, y con la sola excepción de lo que haga referencia a los aspectos a los que acabamos de analizar, estos contratos se rigen por «la voluntad de las partes». Es decir: la LAU nada impone con respecto a su duración, ni al régimen de obras, a la elevación de la renta en caso de obras de mejora, etcétera. Eso sí: en lo que los contratantes no hayan previsto, la ley dispone determinadas normas, contenidas en el Título II de dicha ley.

Por ejemplo: si en el contrato las partes no pactan nada acerca de las obras de conservación, la ley dispone que a los arrendamientos que estamos estudiando les sea de aplicación el régimen de las viviendas (por tanto, que sean a cargo del arrendador sin derecho a elevar por ello la renta). También, si el arrendatario no renuncia expresamente, será de aplicación el derecho de indemnización que luego estudiaremos.

En último lugar, como para los arrendamientos de vivienda, rige con carácter supletorio (ahí donde no exista previsión al respecto ni por parte de los contratantes ni de la ley) el Código civil o la legislación foral que pueda existir al respecto.

En lo que no se refiera a la fianza, a la celebración por escrito del contrato (si ha sido acordado verbalmente y si una parte así lo desea) y los aspectos procesales y sobre lo que las partes nada hayan dispuesto, la ley previene determinadas reglas que constituyen su Título II, formado por los artículos del 29 al 35, ambos inclusive.

A continuación, vamos a analizar cuál es el contenido de dichos artículos, que conviene no olvidarlo, sólo se aplicarán si los contratantes no disponen nada respecto a la materia a la que se refieren los mismos.

Disposiciones de la LAU: enajenación de la finca, obras, adquisición preferente, cesión, subarriendo y subrogación

En primer lugar, la ley se refiere al supuesto de enajenación (es decir, venta, dación en pago, etcétera) de la finca arrendada, disponiendo que el adquirente de esta quedará subrogado, en todo caso y sin ninguna clase de limitación o condición, en los derechos y obligaciones del arrendador, salvo que el adquirente sea un «tercero de buena fe» (concepto que ya hemos definido con anterioridad).

Por lo que atañe a las obras en fincas para uso distinto del de vivienda, la ley remite, en cuanto a su regulación, al régimen de las viviendas. Igualmente, si las partes no prevén lo contrario, la realización de obras de mejora por parte del arrendador dará lugar, desde el inicio mismo del contrato, a elevar la renta anual en la cuantía que resulte de aplicar al capital invertido en la mejora el tipo de interés legal del dinero en el momento de la terminación de las obras incrementado en tres puntos, sin que pueda exceder el aumento del 20 % de la renta vigente en aquel momento.

Asimismo se prevé, para las fincas cuyo uso sea distinto del de vivienda y siempre que las partes no dispongan algo distinto al respecto, que exista un derecho de adquisición preferente de la finca arrendada por parte del arrendatario en el supuesto de venta de esta, al igual que ocurre con las viviendas.

Por su parte, el artículo 32 de la LAU dispone que cuando en la finca arrendada se ejerza una actividad empresarial (comercial, artesanal, etcétera) o profesional (ejercicio de la abogacía o de la medicina, por ejemplo), el arrendatario podrá subarrendar la finca o ceder el contrato sin necesidad de consentimiento del arrendador (pero sí existe la obligación de notificárselo fehacientemente en el plazo de un mes desde que se produzca), el cual tendrá, no obstante, derecho a la elevación de la renta. El porcentaje de dicha elevación será del 10 % de la renta en vigor en el caso de subarriendo parcial y del 20 % si el subarriendo es total (que ya vimos que no es posible para las viviendas) o se cede el contrato (lo que en la anterior LAU se denominaba traspaso). Es importante señalar que tal derecho a la elevación de la renta existirá igualmente en los casos en los que el arrendatario sea una sociedad y esta se fusione con otra, se escinda o se transforme en otro tipo de sociedad.

Si el arrendatario es una persona física que ejerce en la finca una actividad empresarial o profesional, a su fallecimiento, el heredero o legatario que continúe en el ejercicio de la misma actividad podrá subrogarse en los derechos y obligaciones de aquel hasta la extinción del contrato. La subrogación deberá notificarse por escrito al arrendador —al cual no se le reconoce derecho alguno a elevar la renta— dentro de los dos meses siguientes a la fecha de fallecimiento del arrendatario.

El escrito por el cual el heredero o legatario notifique al arrendador su deseo de subrogarse en la posición del arrendatario fallecido debería ser como sigue:

[Datos del subrogado]

    [Datos del arrendador]

    [Lugar y fecha]

    Distinguido/a Sr./Sra.:

Le remito la presente en mi condición de heredero/legatario de D./Dña. ..., arrendatario del despacho profesional/local sito en ..., según contrato celebrado con usted en fecha ..., que falleció el pasado día [no deben transcurrir más de dos meses].

    Toda vez que voy a ejercer, en el mencionado despacho profesional/local, la misma actividad que ha venido desarrollando D./Dña. ..., a los efectos de lo dispuesto en el artículo 33 de la vigente Ley de Arrendamientos Urbanos, le notifico mi intención de subrogarme en la posición arrendaticia de D./Dña. ...

    Con el ruego de que tome nota de lo anterior y, en consecuencia, en adelante se sirva expedir los correspondientes recibos de renta a mi nombre, se despide muy atentamente.

    [Firma del heredero/legatario]

El derecho de indemnización del arrendatario

Según el artículo 34 de la LAU, la extinción por transcurso del término convencional del arrendamiento de una finca en la que se haya venido ejerciendo durante los últimos cinco años una actividad comercial de venta al público dará al arrendatario derecho a una indemnización a cargo del arrendador siempre que el arrendatario haya manifestado con cuatro meses de antelación a la expiración del plazo su voluntad de renovar el contrato por un mínimo de cinco años más y por una «renta de mercado» (que la ley entiende que será la que acuerden las partes o, en defecto de acuerdo, la que determine el árbitro designado por estas).

Puesto que la ley especifica la clase de actividad que dará derecho a esta indemnización («actividad comercial de venta al público») no es posible pretender ampliar su campo de aplicación. Es decir, no sería aplicable la indemnización si se desarrollara una actividad profesional o industrial.

¿Cuál será la cuantía de dicha indemnización? Según la ley, se debe distinguir entre dos supuestos:

— Que el arrendatario ejerza en el mismo municipio, en el plazo de seis meses siguientes a la expiración del arrendamiento, la misma actividad que hasta entonces.

— Que el arrendatario inicie, en el plazo de seis meses siguientes a la expiración del arrendamiento, una actividad distinta o que no inicie actividad alguna y que, por su parte, el arrendador o un tercero desarrolle en la finca, dentro del mismo plazo, la misma actividad u otra afín a la desarrollada por el arrendatario.

En el primer caso, la indemnización consistirá en los «gastos de traslado» (es decir, los derivados de la mudanza de muebles y enseres al nuevo destino) y los «perjuicios derivados de la pérdida de clientela» (que, según la ley, se determina por comparación entre la que tuviera el local anterior y la clientela del nuevo durante los primeros seis meses de la nueva actividad).

En el segundo caso, la indemnización será de una mensualidad por año de duración del contrato, con un máximo de dieciocho mensualidades.

Siendo la ley consciente de las frecuentes discrepancias entre los interesados, previene que si estos no se ponen de acuerdo respecto a la cuantía de la indemnización, habrán de designar un árbitro para que, en equidad, resuelva lo que corresponda.

La razón de tal derecho (al cual el arrendatario puede renunciar) es que el arrendador o un tercero se puedan aprovechar de la labor comercial desarrollada por el arrendatario.

Resolución de pleno derecho

El último de los artículos que la LAU dedica especialmente a los arrendamientos para uso distinto del de vivienda se refiere a la resolución de pleno derecho del contrato, afirmando que existirá esta en los siguientes supuestos:

a) Si el arrendatario no paga la renta o cualquiera de las cantidades cuyo pago haya asumido o le correspondan.
b) Si el arrendatario no paga la fianza (equivalente a dos meses de renta) o su actualización.
c) Si el arrendatario desarrolla en el local actividades molestas, insalubres, nocivas, peligrosas o ilícitas.
d) Si el arrendatario cede o subarrienda el local incumpliendo los requisitos que la propia ley establece y que ya hemos analizado.

Una vez hemos analizado el régimen de los arrendamientos para uso distinto del de vivienda, vamos a proponer un ejemplo de dicha clase de contratos. No hay que olvidar que es necesario consignar que ambas partes se comprometen con toda libertad.

MODELOS

CONTRATO DE ARRENDAMIENTO DE UN LOCAL DE NEGOCIO

[Localidad y fecha en que se suscribe el contrato]

REUNIDOS

De una parte,

D./Dña. en concepto de arrendatario y

De otra parte,

D./Dña. en concepto de arrendador.

Las partes han convenido el arrendamiento del local sito en la calle ... de la localidad de ...

De sus libres y espontáneas voluntades, las partes acuerdan que constituyan cláusulas del presente contrato de arrendamiento que celebran, las siguientes:

1.ª La duración del contrato es de ... años y comenzará a regir a partir del día de hoy. Terminado dicho plazo, el contrato podrá quedar reconducido, mes a mes, según el artículo 1.566 del Código civil.

2.ª Con expresa renuncia por los contratantes a lo establecido por el artículo 34 de la LAU, se acuerda que la extinción del contrato por el transcurso del término convenido, no dará derecho al arrendatario a indemnización alguna a cargo del arrendador.

3.ª El local objeto de este contrato, será destinado única y exclusivamente a la actividad de ... En caso de desarrollarse en el local otra actividad, aunque sea afín a la antedicha, podrá el arrendador resolver el contrato por infracción por el arrendatario de esta condición.

4.ª En caso de fallecimiento del arrendatario, el heredero o legatario que continúe el ejercicio de la actividad, podrá subrogarse en los derechos y obligaciones de arrendatario hasta la extinción del contrato.

Esta subrogación deberá ser notificada de modo fehaciente al arrendador, para su eficacia, dentro de los dos meses siguientes a la fecha del fallecimiento del arrendatario.

5.ª El arrendatario, con expresa renuncia de lo dispuesto en el artículo 32 de la LAU, se obliga a no subarrendar, en todo o en parte, ni ceder o traspasar el local arrendado sin el consentimiento expreso y por escrito del arrendador. En caso de que el arrendatario incumpliera esta condición, podrá el arrendador resolver el contrato.

6.ª El arrendatario declara conocer las características y estado de conservación del local y aceptarlas expresamente; así como su calificación urbanística y los usos administrativamente permitidos.

7.ª La adquisición, conservación, reparación o sustitución de los contadores de suministros y el importe del consumo, son de cuenta y cargo exclusivo del arrendatario.

El local se alquila en el estado actual de las acometidas generales y ramales o líneas existentes correspondientes al mismo, para los suministros de los que está dotado el inmueble.

El arrendatario podrá concertar con las respectivas compañías suministradoras todos o algunos de los suministros de que está dotado el inmueble, con total indemnidad de la propiedad.

Si se hubiere de efectuar alguna modificación, tanto en las instalaciones generales de la finca como en las particulares del local arrendado, su costo será íntegramente a cargo del arrendatario, en caso de que le interese y desee continuar con el suministro de que se trata, pero previamente deberá someter a la propiedad, para su aprobación, el informe y proyecto de las variaciones que en cada caso deben realizarse, exigidas por la respectiva compañía suministradora.

8.ª El arrendador no asume responsabilidad alguna si, por los organismos competentes, estatales o municipales, se prohibiera al arrendatario el desarrollo de la actividad para la cual se arrienda el local de referencia. Los impuestos, arbitrios, contribuciones y demás que se impongan, correspondientes al negocio o por razón del mismo, son de exclusiva cuenta y cargo del arrendatario.

9.ª El arrendatario no podrá practicar obras de clase alguna en el local, sin previo permiso por escrito de la propiedad. En todo caso, las obras así autorizadas serán de cargo y cuenta del arrendatario, y quedarán en beneficio de la finca, sin derecho a indemnización o reclamación alguna. El permiso municipal será también de cuenta y cargo del arrendatario, así como la dirección técnica o facultativa, en su caso.

10.ª Los contratantes convienen con renuncia expresa a lo dispuesto en el artículo 30 en relación con los artículos 22 y 26 de la LAU, que para el caso de que el arrendador deseara efectuar obras de mejora en el edificio, deberá notificarlo por escrito, con tres meses de antelación como mínimo, al arrendatario, quien no podrá oponerse a las mismas sin perjuicio del derecho que le asiste, a ejercitar dentro del plazo de un mes desde dicha notificación, de rescindir el contrato si las obras le afectan de modo relevante. Asimismo, el arrendatario renuncia a toda reducción de renta por razón de la parte del local de la que sea privado a causa de aquellas y a percibir indemnización por los gastos que las obras le obliguen a efectuar.

11.ª El arrendatario se obliga:

a) A no instalar transmisiones, motores, máquinas, etcétera. que produzcan vibraciones o ruidos molestos para los colindantes de la propiedad, o que puedan afectar a la consistencia, solidez o conservación del inmueble.

b) A no almacenar o manipular en el local materias explosivas, inflamables, incómodas o insalubres, y observar en todo momento las disposiciones vigentes.

c) A permitir el acceso en el local, al propietario y a los operarios o industriales mandados por este, para la realización, inspección y comprobación de cualquier clase de obras o reparaciones que afecten al inmueble.

12.ª Las partes contratantes convienen que la renta total que en cada momento satisfaga el arrendatario, durante la vigencia del contrato o de sus prórrogas, se acomodará cada año a la variación porcentual experimentada por el IPC que fije, para el conjunto del territorio nacional, el Instituto Nacional de Estadística (u organismo que le sustituya), aplicando sobre aquella renta el porcentaje que represente la diferencia existente entre los índices que correspondan al período de revisión.

13.ª El arrendatario, asimismo, se obliga:

a) Al pago de la renta, aumentos e incrementos legales y de los gastos y servicios de la finca, mediante domiciliación bancaria, dentro de los cinco primeros días de cada mes, sin que dicha domiciliación pueda quedar nunca desvirtuada por cualquier práctica en contra. Puesto que dicho cobro se realiza mediante domiciliación bancaria, el arrendatario se obliga al pago de cualquier gasto o canon que por tal gestión, o en su caso devolución, se establezca por la entidad domiciliataria. La renta mensual que inicialmente se pacta es de ... €.

b) Al pago del Impuesto sobre el Valor Añadido, que en todo momento corresponda, aplicado sobre la total contraprestación.

c) A abonar, independientemente de la renta pactada, todos los gastos generales derivados del adecuado mantenimiento del inmueble, así como sus servicios, tributos, cargas y responsabilidades que no sean susceptibles de individualización y que correspondan al local arrendado o a sus accesorios si los tuviere. Se excluye expresamente el pago del Impuesto sobre Bienes Inmuebles, que será a cargo de la propiedad del inmueble.

Dichos gastos se actualizarán anualmente repercutiendo al arrendatario las variaciones que se produzcan y se señalarán en concepto aparte de la renta pero integrados en el recibo del alquiler.

14.ª El arrendatario entrega en este acto la suma de ... €. fijada en concepto de fianza. La existencia de esta fianza no podrá servir nunca de pretexto para retrasar el pago de la renta o de cualquiera de las cantidades cuyo pago haya sido asumido por el arrendatario.

15.ª En el supuesto de que se produzca la rescisión anticipada del presente contrato por voluntad unilateral del arrendatario, este se obliga a notificarlo con una antelación mínima de un mes y a indemnizar al arrendador con una cantidad que será equivalente a la renta que corresponda al plazo que quede por cumplir.

VOCABULARIO DE TÉRMINOS JURÍDICOS

Arrendamiento para uso distinto del de vivienda: Corresponde al que la antigua LAU denominaba como «arrendamiento de local de negocio».

Dichos arrendamientos son todos aquellos cuyo objeto es una edificación cuyo destino primordial no sea la de satisfacer la necesidad permanente de vivienda del propio arrendatario o de su familia. En especial, la ley señala que tienen tal consideración los de segunda residencia, los de temporada, los de local de negocio y los asimilados a estos.

Subarriendo total: Derecho (al que se puede renunciar) del arrendatario de un arrendamiento para uso distinto del de vivienda de «realquilar» en su totalidad el local que viniera ocupando, sin subrogación en su posición contractual.

Cesión: En los arrendamientos para uso distinto del de vivienda, equivale a lo que con la anterior ley se conocía como «traspaso». Se trata de la subrogación de un tercero en los derechos y obligaciones del arrendatario.

Indemnización: Derecho (al que se puede renunciar) del arrendatario de un arrendamiento para uso distinto del de vivienda que haya venido ejerciendo durante los últimos cinco años una actividad comercial de venta al público y que haya manifestado con cuatro meses de antelación a la expiración del plazo su voluntad de renovar el contrato por un mínimo de cinco años más y por una renta de mercado, a ser resarcido por el arrendador con una determinada cantidad en metálico.

Apéndice normativo

Artículos 29 al 35 de la Ley de Arrendamientos Urbanos

TÍTULO III
De los arrendamientos para uso distinto del de vivienda

Artículo 29. *Enajenación de la finca arrendada.*

El adquirente de la finca arrendada quedará subrogado en los derechos y obligaciones del arrendador salvo que concurran en el adquirente los requisitos del artículo 34 de la Ley Hipotecaria.

Artículo 30. *Conservación, mejora y obras del arrendatario.*

Lo dispuesto en los artículos 21, 22, 23 y 26 de esta ley será también aplicable a los arrendamientos que regula el presente Título. También lo será lo dispuesto en el artículo 19.

Artículo 31. *Derecho de adquisición preferente.*

Lo dispuesto en el artículo 25 de la presente ley será de aplicación a los arrendamientos que regula este Título.

Artículo 32. *Cesión del contrato y subarriendo.*

1. Cuando en la finca arrendada se ejerza una actividad empresarial o profesional, el arrendatario podrá subarrendar la finca o ceder el contrato de arrendamiento sin necesidad de contar con el consentimiento del arrendador.
2. El arrendador tiene derecho a una elevación de renta del diez por ciento de la renta en vigor en el caso de producir-

se un subarriendo parcial, y del veinte por ciento en el caso de producirse la cesión del contrato o el subarriendo total de la finca arrendada.

3. No se reputará cesión el cambio producido en la persona del arrendatario por consecuencia de la fusión, transformación o escisión de la sociedad arrendataria, pero el arrendador tendrá derecho a la elevación de la renta prevista en el apartado anterior.

4. Tanto la cesión como el subarriendo, deberán notificarse de forma fehaciente al arrendador en el plazo de un mes desde que aquellos se hubieran concertado.

Artículo 33. *Muerte del arrendatario.*

En caso de fallecimiento del arrendatario, cuando en el local se ejerza una actividad empresarial o profesional, el heredero o legatario que continúe en el ejercicio de la misma actividad podrá subrogarse en los derechos y obligaciones de aquel hasta la extinción del contrato.

La subrogación deberá notificarse por escrito al arrendador dentro de los dos meses siguientes a la fecha de fallecimiento del arrendatario.

Artículo 34. *Indemnización al arrendatario.*

La extinción por transcurso del término convencional del arrendamiento de una finca, en la que durante los últimos cinco años se haya venido ejerciendo una actividad comercial de venta al público, dará al arrendatario derecho a una indemnización a cargo del arrendador, siempre que el arrendatario haya manifestado con cuatro meses de antelación a la expiración del plazo, su voluntad de renovar el contrato por un mínimo de cinco años más y por una renta de mercado. Se considerará renta de mercado la que al efecto acuerden las partes; en defecto de pacto, la que al efecto determine el árbitro designado por las partes.

La cuantía de dicha indemnización se determinará en la forma siguiente:

1. Si el arrendatario iniciara en el mismo municipio, dentro de los seis meses siguientes a la expiración del arrendamiento, el ejercicio de la misma actividad a la que viniera estando dedicado, la indemnización comprenderá los gastos de traslado y los perjuicios derivados de la pérdida de clientela ocurrida con respecto a la que tuviera en el local anterior, calculada con respecto a la habida durante los primeros seis meses de la nueva actividad.

2. Si el arrendatario iniciara dentro de los seis meses siguientes a la extinción del arrendamiento una actividad diferente o no inicie actividad alguna, y el arrendador o un tercero desarrollan en la finca dentro del mismo plazo la misma actividad o una afín a la desarrollada por el arrendatario, la indemnización será de una mensualidad por año de duración del contrato, con un máximo de dieciocho mensualidades.

   Se considerarán afines las actividades aptas para beneficiarse, aunque sólo en parte, de la clientela captada por la actividad que ejerció el arrendatario.

   En caso de desacuerdo entre las partes sobre la indemnización, será fijada por el árbitro designado por aquellas.

Artículo 35. *Resolución de pleno derecho.*

El arrendador podrá resolver de pleno derecho el contrato por las causas previstas en las letras *a), b)* y *e)* del artículo 27.2 y por la cesión o subarriendo del local incumpliendo lo dispuesto en el artículo 32.

CAPÍTULO XI

LA FIANZA EN LOS CONTRATOS DE ARRENDAMIENTOS URBANOS

■

En el presente capítulo procederemos a estudiar la fianza, garantía que, con carácter obligatorio, tiene que prestar el arrendatario al formalizarse un contrato de arrendamiento, ya sea este de vivienda o de uso distinto al de vivienda.

La fianza se regula en el artículo 36 de la ley, que se encuadra dentro de su Título IV, que tiene, según se ha dicho, carácter imperativo para cualquier contrato que se regule por la LAU.

El artículo 27.2 b de la ley señala, como causa de resolución del contrato de arrendamiento, la falta de pago de fianza o de su actualización, si ello fue por culpa del arrendatario y se hubiese exigido previamente por el arrendador.

Si el arrendatario hubiese hecho entrega al arrendador del importe correspondiente a la fianza, pero el arrendador no hubiese procedido a depositar su importe en el organismo correspondiente (a lo cual está, por su parte, obligado) se arriesga a ser sancionado por este.

Es importante señalar que las comunidades autónomas que tienen traspasadas las competencias en materia de vivienda pueden dictar (y, de hecho, han dictado) disposiciones propias en relación con el depósito obligatorio de la fianza. Así, existen normas relativas al depósito de la fianza arrendaticia en las comunidades autónomas de Aragón, Extremadura, Baleares, Comunidad Valenciana, Cataluña, Murcia y La Rioja, cuya consulta es imprescindible.

Para las comunidades autónomas que no tengan traspasadas las competencias en materia de vivienda o que teniéndolas no hayan regulado el tema de la fianza, se halla todavía en vigor el Decreto del 11 de marzo de 1949 que regula el «papel de fianza».

Existe, entre los especialistas, la discusión acerca de si, tras la entrada en vigor de la nueva LAU, es obligatoria la prestación de fianza en los contratos de subarriendo. La mayoría de la opiniones se decantan por la respuesta negativa, no existiendo, hasta el momento, ninguna sentencia judicial que se haya pronunciado al respecto.

Finalidad de la existencia de una fianza

Se puede afirmar que el motivo por el que se establece, en los contratos de arrendamiento, una fianza es tanto la de responder del cuidado y conservación de la cosa arrendada, como del pago del precio del arrendamiento.

En palabras de dos especialistas como son Albácar y Albaladejo, la fianza es «un cálculo de la posible cantidad máxima de eventuales daños y perjuicios, cuyo cobro, si llegan a producirse estos por incumplimiento de la obligación principal, queda asegurado por la previa entrega en prenda de la suma a que asciende».

Siendo, por tanto, la finalidad de la fianza la de asegurar el cobro, por el arrendador, de los eventuales daños y perjuicios que el incumplimiento de las obligaciones del arrendatario le puedan causar, sería contraria a la misma su utilización como «penalidad».

Por ejemplo: si en un contrato de arrendamiento de un almacén se quisiera pactar que, en caso de rescisión anticipada del mismo por la sola voluntad del arrendatario, este se obliga a abonar todas las rentas hasta el final del plazo acordado y que, además, pierde la fianza constituida, el arrendatario podría oponerse a dicha estipulación por tratarse de una «desnaturalización» de la finalidad que la ley desea que tenga la fianza.

Importe de la fianza

El primer párrafo del artículo 36 distingue la cantidad de la fianza, según sea el objeto del contrato una finca que va a ser destinada a vivienda o a cualquier otro uso.

Presuponiendo una mayor capacidad económica al arrendatario que no sea de vivienda, dispone la LAU que «a la celebración del contrato será obligatoria la exigencia y prestación de fianza en metálico en cantidad equivalente a una mensualidad de renta en el arrendamiento de viviendas y de dos en el arrendamiento para uso distinto del de vivienda».

Conviene indicar que, puesto que la ley no lo distingue o excluye, en el arrendamiento de viviendas «suntuarias» o «amuebladas» es igualmente obligatoria la prestación de fianza en cantidad equivalente a una mensualidad.

Actualización de la fianza

Se dispone además, con carácter obligatorio, que durante los cinco primeros años de duración del contrato, la fianza no esté sujeta a actualización, pero que cada vez que el arrendamiento se prorrogue, el arrendador pueda exigir su incremento o, en su caso, el arrendatario su disminución, hasta hacerse igual a una o dos mensualidades de la renta vigente, según se trate de un arrendamiento de vivienda o para uso distinto del de vivienda.

Asimismo, se prevé que la actualización de la fianza durante el periodo de tiempo en que el plazo pactado para el arrendamiento exceda de cinco años, se regirá por lo estipulado por las partes. A falta de pacto específico, lo acordado sobre actualización de la renta se presumirá querido también para la actualización de la fianza.

Es decir: en un contrato de arrendamiento de vivienda celebrado por diez años en el que se hubiera pactado que a partir del sexto año la renta se incrementará en un 2 % (según se ha estudiado, durante los primeros cinco años, el incremento tiene que ser equivalente al IPC) y en el que nada se haya estipulado respecto a la actualización de la fianza, se presume que las partes desean que el importe de esta se incremente anualmente en un 2 %.

Depósito de la fianza

Pese a que algunas comunidades autónomas se han dotado de su propia normativa al respecto según ya ha quedado dicho, la mecánica del depósito de la fianza es el mismo y es coincidente con el régimen que dispone el mencionado Decreto del año 1949.

En general, está previsto que, al suscribir el contrato, el arrendador deberá exigir la entrega de la fianza en la cantidad que legalmente corresponda. Desde este momento, tiene un plazo, variable según cada comunidad autónoma pero que indicativamente podemos establecer en quince días, para proceder a la adquisición del denominado *papel de fianza*, es decir, del resguardo de depósito —que tiene la consideración de efecto timbrado— mediante el que se justifica el ingreso de la fianza en el organismo correspondiente.

Dichos «papeles de fianza» se adquieren en los organismos o entidades competentes en cada comunidad, se hallan extendidos al portador y deben unirse al contrato, en el cual se indica el importe de la fianza constituida y los efectos adquiridos para tal fin. Existen efectos de importes diversos —que constituyen «clases»— y todos tienen su propia numeración.

Si el contrato de arrendamiento no se formaliza por escrito —lo cual, como ya dijimos, es legalmente posible— el papel de fianzas deberá quedar reseñado en la matriz del primer recibo cobrado.

Conviene tener muy en cuenta que si el arrendatario entrega al arrendador el importe de la fianza y este no cumple con su obligación de depositarla, el arrendatario queda absolutamente eximido de las responsabilidades en que este incurre.

Es posible que el arrendador convenga con el arrendatario que no le exigirá la fianza, supuesto no infrecuente en casos de contratos celebrados entre familiares o amigos íntimos, pero no por ello queda eximido el arrendador de su obligación de constituir la fianza. En otras palabras, sea quien sea quien la persona que aporte el dinero para su depósito (que puede ser, también, un tercero), el arrendador tiene, necesariamente, que ingresar su importe en el organismo correspondiente.

Devolución de la fianza

No es ajena la LAU a los posibles problemas que pueden surgir en cuanto a la demora, por parte del arrendador, en la devolución de la fianza, por lo que dispone que «el saldo de la fianza en metálico que deba ser restituido al arrendatario al final del arriendo, devengará el interés legal, transcurrido un mes desde la entrega de las llaves por el mismo sin que se hubiere hecho efectiva dicha restitución».

Por su parte, puesto que la demora en la devolución del importe puede ser imputable al organismo ante el cual se halla depositado la fianza, se prevé que si transcurrido un mes desde la finalización del contrato, por parte de aquel no se hubiere procedido a la devolución de la cantidad depositada, esta devengará el interés legal correspondiente.

Posibilidad de pactar otras garantías

El último párrafo del artículo 36 que estamos estudiando dispone que las partes puedan pactar cualquier tipo de garantía del cumplimiento por el arrendatario de sus obligaciones arrendaticias adicional a la fianza en metálico.

Es decir: la fianza en metálico será, siempre y en todo caso, obligatoria para cualquier contrato que se celebre al amparo de la LAU, y además (no «en sustitución»), si las partes así lo disponen expresamente, pueden convenir en que se otorgue otro tipo de garantías para responder del cumplimiento por el arrendatario de sus obligaciones.

Por ejemplo, se puede exigir que el arrendatario disponga de un aval por un importe que cubra un determinado número de mensualidades o, incluso, se puede establecer la obligación de que sea suscrita una póliza de seguro que cubra tal eventualidad.

Parece lógico, además, que la garantía adicional a la que nos estamos refiriendo no pueda consistir en una cantidad en metálico, ya que de lo contrario, se estaría modificando el importe que esta debe tener por así disponerlo la ley con carácter imperativo.

La fianza en los arrendamientos celebrados por temporada

Ya hemos visto que estos contratos quedan englobados dentro de los arrendamientos para uso distinto del de vivienda, por lo que la fianza a exigir parece ser que tiene que ser equivalente a dos meses de renta. No obstante, las comunidades autónomas pueden modificar este criterio que fue establecido con carácter general por la LAU. Por ejemplo, la Ley del Parlamento de Cataluña de 29 de julio de 1996 dispone que, en contratos de arrendamiento por temporada, la fianza que debe establecerse será proporcional a la duración del contrato, tomando como referencia que la fianza equivalente a dos meses correspondería a un arrendamiento por un año. Así pues, por ejemplo, a un contrato de un apartamento en la Costa Brava por los tres meses de verano le será exigible una fianza equivalente a seis meses de renta.

La anterior se nos antoja una solución equitativa, ya que no parece muy justo que para una arrendamiento de una semana (supuesto perfectamente posible) el arrendador se vea obligado a tener que entregar al arrendatario el importe de dos mensualidades de renta, como así parece desprenderse del tenor literal de la ley.

Excepciones a la prórroga

Quedan exceptuadas de la obligación de prestar fianza las administraciones públicas, la Administración General del Estado, las administraciones de las Comunidades Autónomas y las entidades que integran la Administración Local, así como los organismos autónomos, entidades de derecho público y demás entes públicos dependientes de ellas, cuando la renta haya de ser satisfecha con cargo a sus respectivos presupuestos.

VOCABULARIO DE TÉRMINOS JURÍDICOS

Fianza: Importe equivalente a una mensualidad de renta en cualquier arrendamiento de viviendas y de dos en el arrendamiento para uso distinto del de vivienda que, con carácter obligatorio, el arrendatario tiene que prestar y el arrendador depositar en el organismo correspondiente al formalizarse un contrato de arrendamiento.

Papel de fianza: Resguardo de depósito, extendido al portador, mediante el que se representa el depósito de la fianza arrendaticia.

CAPÍTULO XII

LA INSCRIPCIÓN DE LOS CONTRATOS EN EL REGISTRO Y EN EL CENSO DE ARRENDAMIENTOS

■

La inscripción de los contratos de arrendamiento en el Registro de la Propiedad y en un censo de contratos de arrendamientos tienen muy poco que ver entre sí, ya que mientras que la inscripción en el Registro de la Propiedad se refiere tanto a arrendamientos, subarriendos, cesiones y subrogaciones de contratos que recaigan sobre viviendas o sobre locales, la inscripción en el censo se limita exclusivamente, a contratos de arrendamientos de viviendas que subsistieran a la entrada en vigor de la nueva LAU y siendo tal inscripción necesaria para acceder a los beneficios fiscales que en su día se establezcan para aquellos arrendadores que no hayan podido actualizar las rentas por ser los ingresos de los inquilinos y de las personas que con ellos habitan inferiores a los mínimos establecidos en la ley.

La inscripción de los contratos en el Registro de la Propiedad

La Disposición Adicional Segunda de la nueva Ley de Arrendamientos Urbanos modificó el artículo 2.5 de la Ley Hipotecaria y dispuso asimismo que en el plazo de nueve meses se establecerían reglamentariamente los requisitos de acceso de los contratos de arrendamientos al Registro de la Propiedad. Con un leve retraso, se dio cumplimiento a dicho mandato publicándose, el día 14 de marzo de 1996, el Real Decreto 297/96, de fecha 23 de febrero, por el que se regula esta materia.

A su vez, la modificación de la Ley Hipotecaria eliminó totalmente las restricciones que hasta entonces existían en cuanto a los contratos de arrendamientos urbanos que podían tener acceso al Registro de la Propiedad, según se analizará posteriormente.

Antes de iniciar el estudio del interesante Real Decreto al que acabamos de hacer mención, convendría aclarar determinados conceptos; entre otros, qué es el Registro de la Propiedad, el principio de la no obligatoriedad de las inscripciones y qué clase de documentos pueden tener acceso al mismo Registro de la Propiedad.

Qué es el Registro de la Propiedad

Podemos definirlo como aquella oficina, de carácter público, que tiene por objeto la inscripción o anotación de los actos y contratos relativos a la propiedad y demás derechos reales (hipotecas, censos, usufructos, etcétera) sobre bienes inmuebles.

Debe tenerse en cuenta que, a pesar de su nombre, no existe un solo Registro, sino que las localidades más importantes tienen el suyo propio, dividido en «departamentos» a los cuales se les asigna un número (tal es caso de las grandes ciudades) o en «libros» que corresponden a cada uno de los pueblos que corresponden al Registro.

El principio de la no obligatoriedad de las inscripciones

En el derecho español, el acceso de las escrituras al Registro de la Propiedad es, en general, voluntaria con la importante excepción de las hipotecas. Se dice en este caso, que la inscripción en el Registro de la Propiedad es «constitutiva» de las hipotecas, es decir, que con la inscripción se produce su «nacimiento».

No obstante, pese a ser voluntaria, la inscripción de las escrituras es conveniente, ya que existe una norma genérica por la cual, en caso de discusión acerca de, por ejemplo, quién es el propietario de una vivienda, aquella persona a cuyo favor aparezca inscrita esta gozará de protección frente a aquella otra cuyo derecho no conste en el Registro de la Propiedad.

Además, es recomendable la inscripción del contrato de arrendamiento en el Registro de la Propiedad ya que, según vimos, si el derecho de propiedad del arrendador se extingue (por ejemplo, por la enajenación forzosa de la vivienda derivada de una ejecución hipotecaria), pese a que el arrendamiento se hubiera concertado por más de cinco años, el contrato se resolvería, no obstante, llegado el quinto año con una sola excepción: que el contrato de arrendamiento hubiese tenido acceso al Registro de la Propiedad con anterioridad a los derechos determinantes de la resolución del derecho del arrendador. Sólo en este caso, el arrendamiento continuaría por la duración pactada.

Qué documentos se pueden llevar al Registro de la Propiedad

Al Registro de la Propiedad sólo tienen acceso las escrituras otorgadas por un notario y, en algunos casos, las sentencias dictadas por jueces. Así pues, para que un contrato pueda ser inscrito en el Registro de la Propiedad deberá otorgarse ante notario o, por así permitirlo el R. D. 297/96 según se estudiará a continuación, «elevar a público» el contrato que privadamente se haya celebrado.

Importancia de la reforma

Antes de la reforma del año 1994 en el régimen de la inscripción de los arrendamientos urbanos en el Registro de la Propiedad, no podían tener acceso al mismo ni los subarriendos, ni las cesiones, ni las subrogaciones de los mismos.

Además, para que se pudiera inscribir, las partes lo habían estipulado expresamente en el contrato —lo que no ocurría casi nunca porque la posibilidad de inscribir en el Registro los contratos de arrendamiento no era muy conocida— o bien, pese a que nada se hubiera pactado al respecto, se trataba de contratos celebrados por un periodo de más de seis años o por duración inferior pero respecto a los cuales se hubieran anticipado las rentas de tres o más años.

Desde el día 1 de enero de 1995 se permite el acceso al Registro de la Propiedad que corresponda por su ubicación, de cualquier contrato de arrendamiento, subarrendamiento, cesión y subrogación del mismo, con independencia tanto de su duración como de que los contratantes hayan o no estipulado algo al respecto.

Análisis del Real Decreto 297/96

Pasaremos a continuación a analizar con detalle el contenido del Real Decreto 297/96 por el que se regula la inscripción en el Registro de la Propiedad de los contratos de arrendamientos.

En primer lugar, hay que señalar en cuanto a los contratos a los cuales es de aplicación el mencionado reglamento, que será de aplicación exclusiva para los arrendamientos urbanos celebrados a partir del día 1 de enero de 1995. Es decir, a los anteriores no les será de aplicación el régimen que en el mismo se contiene.

Por lo que respecta a los «títulos inscribibles» (es decir, los documentos que pueden tener acceso al Registro de la Propiedad), el reglamento señala que ha de tratarse de una escritura pública notarial o de la elevación a escritura pública del documento privado del contrato.

Es decir, arrendador y arrendatario pueden comparecer ante notario y celebrar el contrato, como habitualmente se hace, por ejemplo, con las compraventas, o pueden, también, «elevar a público» el contrato de arrendamiento que hayan celebrado.

La «elevación a público» del arrendamiento es una operación sumamente sencilla mediante la cual el notario da fe de la capacidad de los contratantes y de la legitimidad de las firmas que consten en el contrato que se le exhiba. El notario hará constar en la escritura, además, determinados datos que, respecto a toda finca, son imprescindibles para su inscripción en el Registro de la Propiedad, como son los datos sobre la población, calle, número y, en su caso, situación dentro del edificio de la finca arrendada, superficie y linderos de esta, datos de inscripción en el Registro de la Propiedad y, asimismo, la identidad de los contratantes, la duración pactada, la renta inicial del contrato y las demás cláusulas que las partes hubieran libremente acordado.

Además, como ya se ha indicado, está previsto que, respecto a los arrendamientos que se hubieran inscrito, se puedan hacer constar los subarriendos, cesiones, subrogaciones, prórrogas y cualesquiera otras modificaciones que se produzcan.

Señalan muy acertadamente algunos estudiosos de la materia (por ejemplo, Pedro Ávila y Elías Campo) que en el reglamento no se hace mención alguna a la posibilidad de que el arrendamiento inscribible derive de una sentencia judicial, que, como ya hemos dicho, es una de las clases de documentos que pueden ser inscritas en el Registro de la Propiedad.

La novedad más importante que introduce el Real Decreto que estamos analizando es la posibilidad de que sean inscritos los arrendamientos de fincas que no formen «folio registral independiente en el Registro». Veamos un ejemplo:

El propietario de una casa que consta de tres pisos decide arrendar la segunda planta de la misma. En el Registro de la Propiedad consta inscrita la casa en su totalidad, como una unidad; es decir, existe «un solo folio registral», puesto que la completa edificación le ha pertenecido a él desde su construcción.

Según el reglamento que estudiamos, el arrendamiento que de la segunda planta se haga podrá tener acceso al Registro sin ninguna dificultad y sin necesidad de llevar a cabo la constitución previa del régimen de «propiedad horizontal». La única precaución será, al celebrar el contrato, la de delimitar suficientemente la finca que haya de ser objeto de arrendamiento «con expresión», dice el reglamento, «de su superficie, situación y linderos», por ejemplo así:

Piso segundo de la casa número ... de la calle ..., de esta ciudad. De superficie ... metros cuadrados. Linda: por su frente, con rellano de escalera y puerta de entrada; por la izquierda entrando, con proyección vertical de la calle de su situación; por la derecha, con finca de D...; por el fondo, con finca de D....; por debajo, con el piso primero; y por arriba, con el piso tercero.

Por último, el Real Decreto se ocupa de la cancelación de los contratos de arrendamiento que se hayan inscrito en el Registro de la Propiedad. Una vez transcurrido el plazo por el cual se celebró el contrato conviene determinar: ¿qué habrá que hacer?, ¿quién es el responsable de que en el Registro cese la constancia del contrato de arrendamiento que ya se ha extinguido?

Lógicamente, las mismas personas que suscribieron el contrato pueden comparecer ante notario y manifestar que dejan sin efecto el contrato que las unía.

Asimismo, en los supuestos de no renovación o no prórroga del contrato, la copia del acta notarial por la que se lleven a cabo dichas notificaciones serán títulos suficientes para la cancelación del arrendamiento.

No obstante, se prevé también que se cancelen «de oficio» (es decir, automáticamente) por el Registrador de la Propiedad, las inscripciones de los arrendamientos urbanos de duración inferior a cinco años, cuando hayan transcurrido ocho desde la fecha inicial del contrato y no conste la prórroga convencional de este y las inscripciones de los demás arrendamientos urbanos, una vez que haya transcurrido el plazo pactado y no conste en el Registro la prórroga del contrato.

La inscripción de los contratos en el censo de arrendamientos urbanos

La Disposición Adicional Sexta de la LAU estableció que el Gobierno procedería, en un plazo que expiró el día 1 de enero de 1996, a elaborar un censo de los contratos de arrendamiento de viviendas que todavía subsitieran en el momento de la entrada en vigor de la ley, es decir, a 1 de enero de 1995.

Mediante la Orden de fecha 20 de diciembre de 1994, se dictaron las normas para la elaboración del mencionado censo.

El censo, según la propia Disposición Adicional Sexta de la LAU, debía pormenorizar los datos identificativos del arrendador y del arrendatario, así como de la renta del contrato, de la existencia o no de cláusulas de revisión y también la duración y la fecha del contrato, datos todos ellos que habían de ser remitidos por los arrendadores antes del día 1 de abril de 1995.

La sanción por la no remisión en el plazo señalado de los datos referidos, se estableció según la LAU, en la imposibilidad de que los arrendadores se puediesen aprovechar de los beneficios fiscales que la propia ley mandó establecer, según ya se ha dicho, para aquellos arrendadores que no hubiesen podido actualizar las rentas por ser los ingresos de los inquilinos y de las personas que con ellos habitan, inferiores a los mínimos establecidos en la ley, tal y como se analizó en el capítulo correspondiente. Conviene señalar que, hasta la fecha, dichos beneficios fiscales no han sido ni siquiera objeto de Proyecto de ley, por lo que no podemos aventurar su contenido.

La obligación censal se lleva a cabo simplemente rellenando un impreso oficial que se suministra gratuitamente o, en su caso, mediante soporte informático y, una vez cumplimentado, se remite por correo administrativo o se presenta en cualquier órgano de la Administración, tanto sea central, autonómica o municipal.

La inclusión de los contratos en el mencionado censo también puede hacerse a instancia de los arrendatarios, dando estos cuenta por escrito al arrendador de los datos que hayan remitido, pero sin que se haya previsto que el ejercicio de este derecho les pueda reportar beneficio o ventaja de clase alguna.

VOCABULARIO DE TÉRMINOS JURÍDICOS

Registro de la Propiedad: Oficina de carácter público que tiene por objeto la inscripción o anotación de los actos y contratos relativos al dominio (es decir, la propiedad) y demás derechos reales (hipotecas, censos, servidumbres, usufructos, etc.) sobre bienes inmuebles (fincas y edificaciones).

Cancelación de oficio: Operación mediante la cual el registro, sin necesidad de previa solicitud de los interesados, procede a eliminar una determinada inscripción.

Censo de los contratos de arrendamiento de viviendas: Relación que la LAU establece que el gobierno elabore referida a todos los contratos de arrendamiento de vivienda subsistentes a 1 de enero de 1995 y cuyas normas de elaboración se contienen en la Orden de 20 de diciembre de 1994. Su inclusión será necesaria para que el arrendador que no haya podido actualizar la renta por ser los ingresos de los inquilinos y de las personas que con ellos habitan inferiores a los mínimos establecidos en la ley, se pueda aprovechar de los beneficios fiscales que en su día se establezcan.

CAPÍTULO XIII

LA PROTECCIÓN DEL ARRENDATARIO COMO CONSUMIDOR Y USUARIO

■

El año 1984 marca un importante hito en cuanto a la protección de la figura del consumidor y el usuario en España, ya que en ese año se publicó la Ley General para la Defensa de los Consumidores y Usuarios.

Dicha ley (a la que en adelante nos referiremos mediante sus iniciales, LGDCU) consagró como derechos básicos de los consumidores y usuarios el de la correcta información sobre los diferentes productos o servicios y la educación o divulgación para facilitar el conocimiento sobre su adecuado uso, consumo o disfrute. Señala la LGDCU, asimismo, con carácter expreso, que estos derechos básicos a los que se acaba de hacer referencia serán, junto con los otros derechos que se reconocen a los consumidores y usuarios, protegidos con carácter prioritario cuando guarden relación directa con productos o servicios de uso común, ordinario y generalizado.

Puesto que la vivienda constituye hoy en día, uno de estos productos o servicios de «uso común, ordinario y generalizado» y su utilización, ya sea mediante la compra o el arrendamiento es, sin duda, un actividad cotidiana de enorme trascendencia en la vida de las personas, se dictó en desarrollo de este principio general enunciado por la LGDCU, un Real Decreto por el cual se establecen diversas medidas de protección de los consumidores en cuanto a la información que tienen estos y a los derechos que deben exigir en el momento de celebrar un contrato, bien sea de compraventa de una vivienda, o bien sea de arrendamiento de esta. Dicho Real Decreto data del año 1989 y a su estudio dedicaremos buena parte del presente capítulo.

La LGDCU y el Real Decreto 515/89

La propia LGDCU realiza tres menciones específicas en cuanto a la vivienda, lo cual es significativo de la gran importancia que se otorga a dicha materia, ya que se trata, como indica la propia denominación completa de la ley, de un texto de carácter general y que consta, solamente, de cuarenta y un artículos.

Concretamente, las referencias las hace en sus artículos 5.2 j, 10.1 c y 13.2, que, por su importancia, reproducimos a continuación:

Artículo 5.2 j

«Como garantía de la salud y seguridad de las personas, se observará la prohibición de utilizar en la construcción de viviendas y locales de uso público materiales y demás elementos susceptibles de generar riesgos para la salud y seguridad de las personas.»

Artículo 10.1 c

«Las cláusulas, condiciones o estipulaciones que con carácter general se apliquen a la oferta, promoción o venta de productos o servicios, incluidos los que faciliten las administraciones públicas y las entidades y empresas de ellas dependientes, deberán cumplir el requisito de la buena fe y equilibrio de las contraprestaciones, lo que, entre otras cosas, excluye la omisión, en casos de pago diferido en contratos de compra-venta, de la cantidad aplazada, tipo de interés anual sobre saldos pendientes de amortización y las cláusulas que, de cualquier forma, faculten al vendedor a incrementar el precio aplazado durante la vigencia del contrato.»

Artículo 13.2

«En el caso de primera transmisión de viviendas, se facilitará al comprador una documentación completa suscrita por el vendedor, en la que se defina, en planta a escala, la vivienda y el trazado de todas las instalaciones, así como los materiales empleados en su construcción, en especial aquellos a los que el usuario no tenga acceso directo.»

El Real Decreto del año 1989 que se ha mencionado anteriormente surgió de la imperiosa necesidad de regular de forma sistemática un aspecto de especial trascendencia para el consumidor o usuario, como es la información que tiene que serle suministrada en la adquisición o arrendamiento de una vivienda.

Atendiendo a que el presente manual trata de los arrendamientos urbanos, vamos a centrarnos en el estudio de los preceptos del Real Decreto 515/89 de 21 de abril que se refieren a dicha materia, aunque, por la importancia práctica e interés que puede tener para los lectores, lo reproduciremos en su integridad.

¿A qué arrendamientos se aplica dicha disposición?

El Real Decreto 515/89 es de aplicación exclusiva para la oferta, promoción y publicidad que se realice para el arrendamiento de viviendas en el marco de una actividad empresarial o profesional, siempre que vaya dirigido a un consumidor.

Es decir, en sentido contrario, no será de aplicación si el arrendamiento se realiza entre particulares que, de forma esporádica, contratan el alquiler de un piso que el arrendador no precisa para su uso personal, ya que el contrato no se habrá celebrado «en el marco de una actividad empresarial o profesional».

Por ejemplo, si una persona que ya posee en propiedad una vivienda recibe en herencia un piso que, por tanto, no necesita y decide arrendarlo.

Tampoco es de aplicación por tanto a los arrendamientos para uso distinto a la vivienda, en ningún caso, pese a que según mi opinión, un pequeño comerciante merecería toda la protección que se otorga al arrendatario de una vivienda.

Por último, no será de aplicación lo contenido en el mencionado Real Decreto si el particular o la sociedad que adquiera, utilice o disfrute la vivienda no se constituye en destinatario final de esta, lo que excluye aquellos supuestos en los que el arrendatario comercie con el piso.

Sería el supuesto, por ejemplo, de aquella sociedad que tomara en arriendo una vivienda con la manifestada intención de subarrendarla a un tercero. Puesto que la sociedad no se constituye en destinatario final, dicho supuesto no estaría dentro del campo de aplicación del Real Decreto del 21 de abril de 1989.

Es importante hacer una pequeña mención, en primer lugar, a los ámbitos tanto temporal como geográfico de aplicación de la norma que estamos estudiando.

En primer lugar, por lo que se refiere a su ámbito temporal de aplicación, conviene señalar que se aplica a todos los arrendamientos de viviendas que estuviesen construidas y habitadas antes del 17 de noviembre de 1989, con pocas excepciones.

En segundo lugar, es importante tener en cuenta que algunas comunidades autónomas han asumido las competencias referidas a la protección de los consumidores y usuarios y han dictado leyes propias en tal sentido, las cuales serán de aplicación preferente en su territorio. No obstante, conviene conocer el texto del Real Decreto de 1989 al que estamos haciendo referencia puesto que una parte de su contenido es de aplicación necesaria para toda España (en concreto, los artículos 3.2 y 10) y, en cualquier caso, tiene carácter subsidiario (es decir, en defecto de regulación específica respecto a una cuestión en concreto, se aplica el Real Decreto).

¿Qué información tiene derecho a recibir el arrendatario?

El arrendatario de una vivienda, cuando se encuentre dentro de los supuestos de aplicación del Real Decreto que estudiamos, tiene derecho a conocer y a recibir los siguientes documentos e información:

a) *El nombre o razón social, domicilio y, en su caso, los datos de la inscripción en el Registro Mercantil del arrendador.*
    Conocer con exactitud quién es la persona o la empresa con la que vamos a contratar es fundamental. Tratándose de sociedades, téngase en cuenta que su inscripción en el Registro Mercantil es obligatoria y que mediante una simple consulta en este organismo el arrendatario puede conocer más datos del eventual arrendador (como, por ejemplo, quiénes son los Administradores de la Sociedad, cuál es el capital de la misma, cuál es su situación económica, etc.).

b) *El plano general del emplazamiento de la vivienda y el plano de la vivienda misma, la descripción y trazado de las redes eléctrica, de agua, gas y calefacción y garantías de las mismas, y de las medidas de seguridad contra incendios con que cuente el inmueble.*
    Es importante saber quién es el arquitecto responsable de la construcción de la vivienda que se desea arrendar y, al

mismo tiempo, conocer de antemano cuál es el exacto emplazamiento de las tuberías y las conducciones de los servicios.

c) *La descripción de la vivienda declarando su superficie útil, y la descripción general del edificio en el que se encuentra, así como de las zonas comunes y de los servicios accesorios.*

Por supuesto, lo anterior tiene que completarse mediante la imprescindible visita personal y la inspección de la vivienda, a fin de saber su exacto emplazamiento en el conjunto del inmueble (si es exterior o interior, la existencia o no de balcones o terrazas, la ubicación exacta dentro del barrio, los servicios públicos con los que cuenta este, etcétera).

d) *Una referencia a los materiales empleados en la construcción de la vivienda, incluidos los aislamientos térmicos y acústicos, y del edificio y zonas comunes y servicios accesorios.*

Saber de antemano cuáles son los materiales que se han empleado en la construcción de la vivienda es un factor a tener muy en cuenta en el momento de calibrar si la renta que se exige es elevada o, por el contrario, se halla acorde con la calidad de los acabados.

e) *Instrucciones sobre el uso y conservación de las instalaciones que exijan algún tipo de actuación o conocimiento especial y sobre evacuación del inmueble en caso de emergencia.*

Piénsese en el supuesto de un ascensor que precise el uso de una llave especial: si el arrendatario no es advertido al respecto, puede verse privado, indebidamente, de su uso y disfrute. O, por ejemplo, si en el aparcamiento del inmueble existieren unas plazas reservadas a determinados vecinos y nada se advirtiera al respecto al inquilino.

f) *Datos identificados de la inscripción del inmueble en el Registro de la Propiedad o expresión de no hallarse inscrito el mismo.* Como al referirnos anteriormente al Registro Mercantil, una sencilla consulta en el Registro de la Propiedad (que es, asimismo, un organismo público) nos facilita exacta información acerca de las cargas y gravámenes (hipotecas, embargos, etcétera) que gravan la vivienda que se pretende arrendar.

g) *Cuál es la renta de la vivienda y de todos sus servicios accesorios y la forma de pago de la misma.* Es fundamental que la renta que el arrendatario debe pagar esté fijada con escrupulosa claridad y que, bajo ningún concepto, exista alguna indeterminación al respecto.

En el propio Real Decreto se indica en general que la información que se facilite y la publicidad que respecto a la vivienda se haga ha de ser veraz y no tiene que inducir a error, siendo exigible que en la redacción del contrato no se hagan remisiones a textos legales que no se faciliten antes o al mismo tiempo de su firma y que predomine la claridad y sencillez, pero sin que, como es lógico, ello signifique que esté prohibido el uso de determinadas expresiones y palabras de carácter jurídico.

Por lo que respecta al notario que autorice, en su caso, la escritura pública en la que conste el contrato de arrendamiento, es preciso señalar que el arrendatario podrá libremente elegir el que quiera, siempre que este tenga una mínima relación con alguno de los elementos personales (el domicilio del arrendador o del arrendatario) o reales (ubicación de la finca) del contrato. Es decir, excepto si ambas partes están de acuerdo en ello, el notario que, a elección del arrendatario, intervenga el contrato habrá de ser competente territorialmente. Así, si la elección de notario corresponde al arrendador que tiene su domicilio en Madrid, si el arrendatario reside en Barcelona y la vivienda se halla sita en Valencia, el notario habrá de ejercer, necesariamente, en Madrid, Barcelona o Valencia.

Como conclusión, señalemos, una vez más, que recabar el parecer y el asesoramiento de un experto nunca es superfluo y que, en la práctica totalidad de los casos, suele resultar menos oneroso acudir a este antes de firmar cualquier contrato que hacerlo después.

¿Qué ocurre si el arrendador incumple lo preceptuado en el Real Decreto 515/1989?

Según el artículo 11 de la disposición que hemos estudiado, las infracciones de lo que se dispone en el Real Decreto 515/1989 (que se remite a la LGDCU) son infracciones en materia de protección al consumidor y serán sancionadas con multas que, en casos muy extremos, pueden incluso rebasar los 601.102 €. Algunas legislaciones autonómicas prevén que, en caso de infracciones graves o muy graves, se podrá acordar, por razones de ejemplaridad y en previsión de futuras conductas infractoras, dar publicidad a las sanciones impuestas, una vez sean firmes (es decir, cuando no sean susceptibles de ser recurridas).

Sin perjuicio de lo anterior, el nuevo Código penal, por su parte, prevé como delito (artículo 282) aquella conducta llevada a cabo por fabricantes o comerciantes que, en sus ofertas o publicidad de productos o servicios viertan alegaciones falsas o manifiesten características inciertas sobre los mismos, de modo que puedan causar un perjuicio grave y manifiesto a los consumidores. Por tanto, en determinados casos —que, dadas las características de las leyes penales, puede considerarse que será en muy escasas ocasiones— otorgar determinadas características a una vivienda podría castigarse, si se causara un grave y manifiesto perjuicio, con una pena privativa de libertad.

VOCABULARIO DE TÉRMINOS JURÍDICOS

Consumidor o Usuario: Basándonos en el artículo 1.2 de la Ley General para la Defensa de los Consumidores y Usuarios, podemos decir que son todas aquellas personas físicas (particulares) o jurídicas (sociedades) que adquieran, utilicen o disfruten como destinatarios finales, bienes, productos, servicios, actividades o funciones, con independencia de la naturaleza (pública, privada, individual o colectiva) de quienes los produzcan, faciliten, suministren o expidan.

LGDCU: Iniciales por las que se suele designar la Ley General para la Defensa de los Consumidores y Usuarios (ley 26/1984, del 19 de julio) que da cumplimiento al mandato contenido en el artículo 51 de la Constitución Española de la necesaria defensa, por parte de los poderes públicos, de la seguridad, la salud y los legítimos intereses económicos de los consumidores y usuarios, así como de la promoción de su información y educación.